JN111393

権力監視はどこへ

メディアと政治を考える＋30

藤沢忠明

本の泉社

序にかえて

70歳を過ぎ、赤旗記者生活も45年余となりました。2017年にテレビ・ラジオ部に異動になった際、『前衛』などに書いた論文を中心に、『検証―政治とカネ「政治改革」20年は何だったのか』という本を出しました。

テレビ・ラジオ部は、私の長い記者生活の中で初めての部署でとまどうことも多く、同僚記者に助けられながら務めています。2024年1月に開催される日本共産党第29回大会の決議案には、「巨大メディアの多くが真実を伝えず、権力の監視役としての仕事を放棄している」との指摘があります。まさに日々、実感していることです。

そうしたこともあり、今回、前著以降、『前衛』や『月刊学習』などに「メディアと政治」をめぐる問題について書いたもののほか、「しんぶん赤旗」のコラム「レーダー」などに書いたものを選んで、出版してみようと考えました。同時に、一番長かった社会部時代を中心に、スクープ記事や思い出深い記事を選んで、取材の経緯や反響などを表に出せる範囲で振り返って見ることにしました。

本書の構成は次のようにしました。

Ⅰ、『前衛』『月刊学習』「民青新聞」に書いたもの。

官邸がテレビのバラエティー番組を含め、税金を使って監視していたことには、あきれました。安倍晋三元首相の「国葬」には、多くの国民の反対があったにもかかわらず、テレビは無批判に報じました。第二次安倍政権以降、テレビの権力監視の役割はますます放棄され、「どこへ行ったの?」という思いを強くします。

Ⅱ、「しんぶん赤旗」のコラム「レーダー」「ちょっといわせて」など。

テレビ・ラジオ欄のコラム「レーダー」「ちょっといわせて」には、読者の方から、「思っていることを書いてくれた」「楽しみにしている」といったうれしい反響をいただいたりします。「レーダー」は、23年1月からの減ページで、テレビ・ラジオ欄の掲載回数が減ったので、4面や社会面にも進出させてもらいました。テレビ・ラジオ部に移動してからテレビの見方も変わり、「政治とテレビ」について、書きたいことが尽きず、ずいぶん書いてきましたが、23年9月までのなかから50本を選びました。

Ⅲ、書名の「+30」に相当するもの。

1982年に関西総局から社会部に戻ってきてから、自分の書いた記事をスクラップブックに貼るようになりました。数えてみると、その数は、90冊ほどになりました。

そのなかから、「ベスト30」？　を選ぶのは、大変でしたが、楽しい作業でもありました。改めて「政治とカネ」にかかわるものが多いなと思います。テレビ・ラジオ部になってからも、ときどき、部の活動に影響が出ない範囲で書いています。

文章は基本的に掲載時のままです。Ⅱは、見出しを少しわかりやすくしたものがあります。本書が、「メディアと政治」を考える一助になればさいわいです。また、こんな記者もいたんだなと思っていただければ、うれしいです。

２０２３年12月　藤沢忠明

◆目次◆

Ⅰ

Ⅱ

Ⅲ

I

「虚構の政権」安倍政権のメディア介入

――打ち破る可能性に触れて

安倍政権は、好意的に報道するメディアには積極的に登場する一方で、批判的なメディアには圧力を掛けるなどメディアへの恫喝や介入を強めています。安倍政権のねらい、メディアの役割を考えます。

国民の内心の自由を侵害する「共謀罪」法案、憲法9条に自衛隊を明記する改憲策動、沖縄・辺野古への米軍新基地建設など、国民の願いに逆行して暴走を続ける安倍政権。しかし、その内実は、「（福島原発の汚染水の）状況は完全にコントロールされている」と言って、原発再稼働に突き進み、「（南スーダンの）首都ジュバは比較的落ち着いている」と言って、「駆け付け警護」などの新任務を付与して南スーダンＰＫＯ（国連平和維持活動）に自衛隊を派遣したことにみられるように、うそと偽りをくり返す「ポスト真実」の政治であり、いわば「虚構の政権」です。安倍政権の言動を無批判に垂れ流し、国民の中にある種の幻想をつくり出す巨大メディアの問題、「虚構の政権」を打ち破る可能性について考えます。

うそと偽りをくり返す安倍政権

今、「国政の私物化」ではないか、と大問題になっているのは、学校法人「加計学園」疑惑です。安倍首相の「腹心の友」が理事長の加計学園が愛媛県今治市に獣医学部を新設するに当たって、首相周辺から三つのルートで文部科学省側に〝圧力〟が加えられ、公平公正であるべき行政がねじ曲げられたことが鮮明になっています。文科省の前川喜平前事務次官が、同学部新設を可能にした規制緩和が「総理のご意向だ」とした文書が存在したことや、和泉洋人首相補佐官から官邸に呼び付けられ、「総理の口からは言えないから、私が代わりに言う」と、対応を迫られたことを証言しています。

ところが、政府や与党は、「規制改革を進めるために、政治判断があったというのは問題ない」「獣医学部の新設は必要なのに、文科省が制限してきた。その中から出てきた問題だ」などと、問題の本質をすり替えています。

学校法人・森友学園に、国有地が8億円も値引きして払い下げられた「森友疑惑」では、総理夫人の安倍昭恵氏が深く関与し、安倍総理の影を見て、財務省、国土交通省が忖度して動いたという疑惑が、籠池泰典理事長（当時）の証人喚問などで浮き彫りになっています。

しかし、2月の衆院予算委員会で、安倍首相が国有地払い下げについて、「私や妻、事務所が関わっていれば、首相も国会議員も辞める」と発言したため、財務省は、学園との交渉記録などについて、「売買契約締結をもって事案終了しているので、記録は残っていない」などと主張しています。

「共謀罪」法案でも安倍政権はうそ、ごまかしをくり返しています。

政府は、テロ対策の国際組織犯罪防止条約（TOC条約）を締結するために必要、テロ実行犯が野放しになってしまう、などと言っています。

しかし、この条約は「組織的な犯罪集団による金銭的な利益を目的とした国際的な犯罪」が対象で、テロは対象から除外されています。日本はテロ防止の13の条約に加盟し、66の重大犯罪で未遂前に処罰できる国内法があります。TOC条約の国連立法ガイドを起草したニコス・パッサス教授は、「現在の法体系で対応できないものは見当たらない」とし、「国内法の整備は日本国民の意向を反映させるべきだ」と忠告しています。

国会質疑の中で、政府は、「組織的犯罪集団でなければ捜査しない」と言い訳していますが、岐阜・大垣署では、再生可能エネルギー問題の学習会に参加した市民を監視し、中部電力の子会社に情報提供するなど、すでに違法な調査活動を警察は行っています。

共謀罪法案は、こうした違法活動にお墨付きを与え、冤罪、密告がはびこる、物言えぬ監視社会をつくり出すことになります。

国民の批判を受け付けない問答無用の姿勢

安倍政権が、うそと偽り、ごまかしをくり返すことは、もろさ、行き詰まりの反映です。国民の批判や疑念を問答無用で受け付けない姿勢が目立っています。

「加計学園」疑惑では、文科省が作った文書の存否や内容の再調査について、「出所や入手経路が明らかでない」などとして拒否。前川氏らの証人喚問について、「必要ないというのが理由」（自民党・竹下亘国対委員長）、「辞めた方の話を聞く必要性はない。何か疑惑を振りまくようなアピールが盛んに行われている」（公明党・山口那津男代表）などと拒否しています。

安倍首相は、かつて加計学園の役員を務めていたことを指摘されると、「印象操作だ。私が友人である加計さんのために便宜を図ったという前提で、恣意的な議論だ」（5月30日、参院法務委員会）と、「印象操作」を連発し、質問に真正面から答えようとしていません。森友疑惑を含め、自らの疑惑に関し、事実関係を調査し、国民に説明しようとする姿勢がありません。

「共謀罪」法案では、国連人権理事会の特別報告者ジョセフ・ケナタッチ氏が、プライバシーや表現の自由を制約する恐れがあるなどとして懸念を表明。安倍首相に書簡を送り、説明や回答を求めているのに対し政府は、「個人であって、国連の立場を反映するものではない」(菅義偉官房長官)、「著しくバランスを欠き、客観的である専門家の振る舞いとは言いがたく、信義則にも反する」(安倍首相)と攻撃しています。共謀罪は「国連条約に必要不可欠」と言いながら、国連特別報告者からの批判を敵視する姿勢は、国際社会に通用せず、国際的信用を損なうものです。

問答無用ぶりは、「9条改憲」問題でも表れています。安倍首相は、憲法記念日の5月3日に「読売新聞」のインタビューと、日本会議系の改憲派集会で、憲法9条に3項を加えて自衛隊を明記する改憲案を示し、2020年の東京オリンピックの年に新憲法を施行したいと表明しました。

9条は日本の在り方の根本に関わる最も基本的な条項です。自民党内の議論さえなく、改憲の時期まで宣言することは、憲法99条に定められた「憲法尊重擁護義務」違反です。立法府である国会への行政府の介入であり、「三権分立」にも反する二重の憲法違反です。国会で追及されると、「憲法改正の私の基本的な考え方については、読売新聞を読んでほしい」

と述べるなど、無責任極まる傲慢さです。

沖縄では、圧倒的多数の民意を踏みつけにして、「沖縄県民に寄り添う」としていた対話姿勢をかなぐり捨て、「辺野古が唯一の選択肢」と言って耳を貸さず、名護市辺野古への米軍新基地建設をはじめ、東村高江のオスプレイ着陸帯建設、伊江島飛行場でのＦ35戦闘機着陸帯建設など、強権ぶりをむき出しにしています。

メディア介入と選別　メディアの役割

安倍政権のこうした強権と暴走は、メディアへの干渉・圧力を大きな特徴としています。国民の受信料によって支えられている公共放送であるＮＨＫの翼賛放送局化をはじめとしてテレビへの攻勢も目立っています。

ＮＨＫの取り込みでは、会長を任命したり辞めさせたりする権限がある経営委員に、安倍人脈の財界人が動いて、13年10月の人事の際に、首相に近い４人を送り込むことに成功。この推挙で、14年１月に新会長に就任した籾井勝人氏は、早速、記者会見で「政府が右というものを左というわけにはいかない」と発言しました。籾井氏は、昨年４月、熊本地震報道に関わって、局内の会議で「原発報道については、住民の不安をいたずらにかき立てないよう、公式発表をベースに伝えることを続けてほしい」と述べるなど、その後、ＮＨＫ報道の安倍政権べったりぶりは、目に余ります。

民放も含めた放送全体への干渉もひどいものです。14年12月の総選挙前、11月20日に自民党は、副幹事長・報道局長名で「選挙時期における報道の公平中立ならびに公正の確保についてのお願い」なる文書を在京テレビ局に送りつけました。この直前には、TBS「ニュース23」に出演した安倍首相が、この局の番組が、「アベノミクスの恩恵を感じない」とする街の声を拾って報じたのを「(局が声を) 選んでいる」と公然と批判したことがあります。

15年4月には、自民党の情報通信戦略調査会(会長＝川崎二郎元厚生労働相)の会合に、テレビ朝日とNHK幹部を呼び出して、最近問題になったそれぞれの報道番組の内容や経緯などについて「聴取」までしました。

高市早苗総務相は、昨年2月、衆院予算委員会で、政府が「政治的公平に反する」と判断した放送局には、放送法4条違反を理由に、放送局に電波停止を命じることができると発言しました。これには、国連人権理事会の「表現の自由に関する調査」の担当者が、「市民と独立したメディアに対する日本政府の圧力をますます強くする」と言及するなど、国際的な批判を集めています。

こうした流れの中で、メディアの側に萎縮する姿勢が目立っています。

安倍首相は、批判的・検証的に報道するメディアには圧力をかけるといった手法を強める一方、無批判、好意的に報道するメディアには、積極的に登場しています。

2月、トランプ米大統領との首脳会談を終え、帰国した安倍首相は、BSフジに続いて、NHKの「ニュースウォッチ9」に生出演し、日米同盟の強化など、訪米の〝成果〟について独演しました。5月15日には、BSジャパンと日経CNBCの共同インタビューに応じ、同日夜の番組で、改憲の是非を問う国民投票を国政選挙と同時実施する可能性について言及しました。5月21日には、ニッポン放送の番組収録で、憲法9条に自衛隊を明記するとした自身の発言について、「自民党は第一党であり、その責任を果たすため、（憲法）施行70年の節目の年に案を出すべきだ」と述べ、年内に9条改憲の自民党案を示すべきだとの考えを示しました。

6月1日には再び、ニッポン放送の番組で、加計学園の獣医学部新設を「総理の意向」とした文書の存在を認めた前川前文科事務次官を「次官であれば、私の意向かどうか確かめられる。大臣と一緒に私のところに来ればいい」などと攻撃。共謀罪法案についても、「不安を煽るための議論を延々としている」などと、これまでの国会審議を根本から踏みにじる暴言を吐きました。

これら一連のメディアを選別するやり方は、野党や国民の疑問や不安にまともに答えず、自らのメッセージを一方的に表明するという、極めて独善的なものです。

巨大メディアが、「権力のチェック役」としての役割を果たしているとはいえない下で、タブーなく真実を伝え、権力を監視する「しんぶん赤旗」の役割は、ますます重要になっています。

「虚構の政権」を打ち破る可能性

安倍首相の野党の批判をかわす手法は、▽質問にまともに答えず、はぐらかす▽ヤジに対応して長々と反論して時間をかせぐ——といった「虚構の政権」にふさわしいものがあります。

「安倍1強」といわれる中、「何を言っても支持率は下がらない」というおごりも見て取れますが、「加計学園」疑惑で、政府の説明は「納得できない」という人が7割を超す（JNN世論調査、3、4日実施）など、国民の不満が表面化しつつあります。同世論調査では、安倍内閣の支持率は、前回より8・9ポイント下がり、54・4％に、不支持率は9・3ポイント増の44・1％となりました。インターネットを通じた世論調査「クイックVote」（5月27日～30日実施、1万千人が回答）では、支持率は26・7％となり、前回調査（同20～23日実施）の52・1％から25・4ポイント激減しています。今、安倍政権の暴走に、物言う市民が声を上げています。

日本共産党、民進党、自由党、社民党の4野党党首は8日、「安倍政権下での憲法9条の改悪に反対する」ことをはじめ、共謀罪の廃案、加計学園・森友学園疑惑の徹底究明のために全力を尽くすことを確認しました。そして、次期総選挙について4野党は、安倍政権の打倒を目指して、「できる限りの協力を行う」との昨年9月の合意に基づき協議を加速させ、「4野党が協力して候補者調整を行い、一致したところを順次発表する」ことで合意しました。

戦後の平和運動、労働運動を担ってきた潮流が過去のいきがかりを乗り越えて、「戦争させない・9条壊すな！総がかり行動実行委員会」という画期的な共闘組織がつくられ、安保法制＝戦争法に反対するたたかいを通じて、多くの市民が自覚的に立ち上がり、「安保法制の廃止と立憲主義の回復を求める市民連合」も発足しました。

日本共産党は、野党と市民との共闘をあらゆる分野で発展、強化させ、安倍政権の暴走政治に立ち向かい、新しい政治の実現のために全力を挙げます。

安倍政権は、「共謀罪」法案を強行採決しました。これは追い詰められての暴挙です。「虚構の政権」は、真実の光を当てれば必ず崩壊します。この真実の光を当てることこそメディアの役割です。

（『民主青年新聞』２０１７年6月26日）

内容豊かな紹介
——政権とメディアの関係への問題提起

「『しんぶん赤旗』に、テレビ・ラジオ部ってあるんですね」——。NHK問題の取材先で同席した一般紙記者と名刺交換したとき、驚かれたことがあります。政党機関紙に「テレビ・ラジオ部」というのは、結びつきにくかったのかもしれません。

先駆けの最終面

じつは、日刊紙の最終面にテレビとラジオの番組表と番組解説をまとめて掲載しているのは、「しんぶん赤旗」が他紙に先がけて最初に実施したもの。「しんぶん赤旗」の〝売り〟の一つで、一般紙の番組欄担当者から、「話を聞かせてほしい」と取材されたこともあります。「一般紙は番組欄の4分の1から5分の1を広告が占めている。広告費に頼らず頑張っている『しんぶん赤旗』は、だからこそ番組面作成でも優れていることを広く知ってほしい」（札幌市・男性）といううれしい評価もいただいています。最終面は毎日、北は北海道から南は九州・沖縄まで17の版をつくっており、急きょ国会で予算委員会の質問などが決まると、さしかえなどの対応に追われることもしばしばです。

番組へのいざない

最終面のほか、月曜日、火曜日を除く週5回、第二社会面の下3段にテレビ・ラジオ欄（第二ラテ欄）、そして月曜日はテレビ・ラジオ特集面（月特）を制作しています。詩人や舞台プロデユーサー、フリーライター、ジャーナリストなどに、事前にドラマやドキュメンタリー番組などを視聴してもらい、執筆していただく「試写室」は、他紙と比べて内容が豊かで、最終面の短い番組解説を含め、「テレビ・ラジオ欄の解説・紹介がなかったら、この番組を視聴することはありませんでした。お礼を申し上げます」（長崎市・男性）などと好評です。日曜日付の第二ラテ欄では、「演芸」「ラジオ」「トーク」のコーナーを開設、1週間の番組を掲載していますが、「ラジオ」は、ＮＨＫの「ラジオ深夜便」の内容をくわしく紹介、ラジオファンから歓迎されています。

第二ラテ欄では、毎週金曜日、地上波とNHKBSプレミアムで放送される映画を紹介する石子順さんの「映画の窓」、月一回、今井雅子さんによる「おすすめ民放BSシネマ」を掲載、読者から、「もし本紙で紹介していなかったら、きっと見ることもなかったと思うと感謝です」（鳥取市・女性）などの感想が寄せられています。

ユニークなコラム

月特には、現役テレビ局記者やメディア研究者などによるコラム「波動」、「石井彰のテレビ考現学」「やきそばかおるのラジオの歩き方」「谷岡理香の話して、書いて、考えて」「鶴橋康夫のドラマの種」といった一線で活躍している方々によるユニークなコラムを掲載、テレビやラジオの置かれた現状や、放送と政治をめぐる状況などを、鋭く指摘していただき、毎回、「うなずきながら読みました」（ミニコミ編集者）、「私の思いを代弁してくれた」（岡山県・女性）など、大きな反響があります。

また、月特では「思いのままに」「ラジオとともに」など、番組の出演者や制作者に登場してもらう企画もあり、昨年の参院選で安倍首相の演説に「増税反対」などと声を上げた市民を警察が暴力的に排除した問題を取り上げたドキュメンタリー番組「ヤジと民主主義」で、ギャラクシー賞を受賞した北海道放送の取り組みなど、地方の放送局の頑張りも紹介しています。

支配勢力の介入の中で

実用面で、読者から喜ばれる紙面づくりとともに、テレビ・ラジオ部で力を入れているのは、政権とメディアとの関係、動向に日常的に関心を払い、必要なチェックをし、問題提起をおこなうということです。

日本共産党の第28回大会第一決議は、「安倍政権が、巨大メディアに直接・間接の介入をおこない、報道の自由、言論の自由を侵害していることも、日本の民主主義にとってきわめて重大である」と指摘。同第二決議は、「安倍政権のメディア支配が強まり、巨大メディアが権力を監視するというジャーナリズムとしての役割を果たしているとはいえない」もとで、「〝タブーなく真実を伝える、国民共同の新聞〟『しんぶん赤旗』の値打ちが輝いている」と強調しています。そして27回大会8中総での綱領一部改定案についての報告では、「支配勢力が、巨大メディアをその統括下に置き、国民の精神生活に多大な影響力を及ぼしていること」を発達した資本主義国での社会主義的変革の「特別な困難性」としました。

メディアの役割をチェック

こうした巨大メディアの現状を、この間の安倍晋三首相の突然の辞意表明、それに続く自民党総裁選など一連の報道で、いやというほど痛感させられています。

たとえば、安倍首相が辞意表明した8月28日の夜、各局のおもな報道番組では、7年8ヵ月にわたる「長期政権の功罪」について、コメンテーターや政治部長らが解説しました。NHKの原聖樹政治部長は「ニュースウオッチ9」に出演し、「功」として、▽集団的自衛権行使を容認する安全保障法制（戦争法）▽TPP（環太平洋連携協定）をはじめとした自由貿易体制の推進▽2回にわたって5％から10％に引き上げられた消費税率――の3点をあげました。理由は「賛否が割れて結論が出しにくい問題に一定の結論を出してきた」というものです。NHKの政治報道が「アベチャンネル」と指摘されてきたことを、如実に示す内容でした。

民放も一部の番組を除いて安倍政権7年8ヵ月の「功罪」を冷静に検証し、批判する番組はほとんどありませんでした。

自民党総裁選をめぐっても、菅義偉官房長官（当時）が、「安倍政治の継承」を掲げているにもかかわらず、もっぱら、「秋田の農家出身の苦労人」とか、「パンケーキが大好物」などと持ち上げに懸命でした。

メディアの役割をチェック

こうしたメディアの思考停止ともいえる横並びの報道姿勢は、最近でも、「平成」から「令和」への改元、トランプ米大統領の来日、即位の礼などで、繰り返されてきました。今年6月、首相官邸の内閣広報室がテレビのニュース・情報番組の内容を広範囲にチェック、監視していたことも明らかになりました。「毎日」専門編集員の与良正男氏は、「テレビで首相に厳しい話をすると首相周辺が担当者に電話してくる。かつてない報道への介入も目立った。一部のテレビが萎縮したのは明らかだ」（9月9日付夕刊）と書いています。

権力によるメディアの選別も続く中、メディアの権力監視の役割などについて、「レーダー」「ちょっといわせて」というコラムで引き続きチェックしていきたいと考えています。

（『前衛』２０００年11月号）

〈編注〉『前衛』の「しんぶん赤旗」各部の紹介をする企画でした。なお、２０２３年1月から減ページにともなう紙面改編で、最終面にあった番組表は中の面に移り、テレビ・ラジオ特集は木曜日付になるほどの変更があります。

官邸のテレビ監視と菅首相のメディア介入を問う

首相官邸の内閣広報室がテレビのニュース・情報番組の出演者の発言を詳細に書き起こすなど、その内容を広範囲にチェックするという、テレビ監視の実態の一端が白日の下になりました。本稿では、その問題の根深さとともに、メディアへの介入・支配を強めてきた安倍晋三政権のもとで、官房長官として、その中心的役割を果たしてきた菅義偉首相についても検証します。

数百枚の開示文章——監視の実態生々しく

「安倍官邸『反政府ニュース監視』の記録文書」と題して、この問題を最初に明らかにしたのは、『週刊ポスト』(6月5日号)です。同誌によると、経緯は次のようなものでした。

感染が広がる新型コロナウイルス対応への遅れから政府への批判が高まっていたなか、内閣官房国際感染症対策調整室が3月6日の公式ツイッターで、前日のテレビ朝日系「羽鳥慎一モーニングショー」を名指しして、その内容に異例の反論をおこないました。この経緯に疑問を持った東京都内の会社員が、内閣官房でテレビ番組をチェックした記録文書などを情報公開請求して入手、同誌に提供したのです。

同誌が提供を受けた開示文書は、2月1日から3月9日までの約40日分だけでA4判922枚におよび、6月12・19日号でも「安倍官邸『反政府ニュース監視』922枚機密文書を全公開する　沈黙する大メディアに政権批判の資格はあるか」と報じました。

「しんぶん赤旗」テレビ・ラジオ部も、この問題を重視し、6月11日、安倍首相(当時)が新型コロナの感染拡大で、学校等の「一斉休校」を要請(2月29日)した直後の3月1日から請求日の6月11日分までの、内閣広報室でテレビ出演者の発言を記録した文書を開示請求しました。

識者のコメントを一言一句記録

しかし、「複数の開示請求が当室に寄せられているため」時間がかかるとして、入手できたのは3月16日分までにとどまりました。残りは来年8月11日までに開示決定をするとされました。これは情報公開の趣旨をふみにじるもので許せません。

本紙に開示された文書は大別して2種類で、「報道番組の概要」と、「新型コロナウイルス関連報道振り」。Ａ４判で約７００枚にのぼります。

常時監視の対象となっていたのは、平日の7番組と、土日の4番組（別項）でした。

（別項）**常時監視番組**（並び順は「概要」どおり）

【平日】

ＴＢＳ系「ひるおび！」
日本テレビ系「ミヤネ屋」（読売テレビ制作）
日本テレビ系「スッキリ」
テレビ朝日系「羽鳥慎一モーニングショー」
フジテレビ系「とくダネ！」

テレビ朝日系「報道ステーション」
TBS系「NEWS23」
【土日】
TBS系「サンデーモーニング」
テレビ朝日系「サンデーステーション」
NHK「日曜討論」
日本テレビ系「ウェークアップ!ぷらす」(読売テレビ制作)

NHKの「ニュース7」「ニュースウオッチ9」が常時監視対象となっていないのは、監視する必要がないと、官邸側が判断したのかもしれません。

平日の日中の番組記録は同日中に提出され、平日夜の番組は翌日、土日の番組は月曜に提出されていました。

「概要」に記載されているのは、分刻みの放送時間、ニュースの見出し、出演者の発言です。「一斉休校」「休業補償」など、政府の方針に係わるテーマが話し合われた時に、〝テープ起こし〟をしたと思えるほど詳細に記録しています。

たとえば、3月2日に提出されている「2月28日(金)~3月1日(日)夜の報道番組の概要」

をみてみると――。

「〝一斉休校〟要請　割れる対応　北海道では『緊急事態宣言』も」と報じたテレビ朝日系「報道ステーション」（28日）では、昭和大学医学部特任教授・二木芳人氏、弁護士の野村修也氏、「新型コロナ〝首相周辺〟だけで……一斉休校の根拠は？」としたTBS系「NEWS23」（同）では、医療ガバナンス研究所理事長・上昌弘氏、「感染拡大で世界同時株安　〝一斉休校〟要請の波紋」としたTBS系「サンデーモーニング」（1日）では、上昌弘氏、福山大学客員教授・田中秀征氏、一般社団法人Colabo理事長・仁藤夢乃氏、ハフポスト日本版編集長・竹下隆一郎氏、「〝一斉休校〟効果は？　AI導く『驚きの結果』」としたテレビ朝日系「サンデーステーション」（同）では、筑波大学大学院教授・倉橋節也氏、ジャーナリスト・後藤健次氏、医療基盤研究所センター長・保富康宏氏……といった識者らのスタジオコメントやVTRコメント、解説が一言一句記録されています。

常時監視番組以外の番組でも、注目人物が出演していれば、監視対象となっています。たとえば、報道番組とはいえないTBS系「アッコにおまかせ」（3月8日）も、部分的に全文起こしされていました。それは、当時、テレビ朝日系「羽鳥慎一モーニングショー」で、政府のコロナ対応について連日のように歯に衣着せぬ発言を展開していた公衆衛生学者の岡田晴恵・白鴎大学教授が出演した場面でした。

閣僚や与党の重要議員、各党出席の討論番組などは〝全文起こし〟されています。NHK「日曜討論」▽BS日テレ「深層NEWS」▽BS―TBS「報道1930」▽フジ系「日曜報道　THE　PRIME」▽BSフジ「プライムニュース」▽BS11「リベラルタイム」▽BS朝日「激論！クロスファイア」です。

発言は、弁護士の橋下徹氏や、政治ジャーナリストの田崎史郎氏、「読売」特別編集委員の橋本五郎氏を含め、安倍政権に批判的か否かに関わりなく記録されています。VTRのナレーションやアナウンサーの発言も含め、徹底した監視ぶりです。

傍線がひかれた新型コロナウイルス報道

「報道番組の概要」とともに開示された文書「新型コロナウイルス関連報道振り」は、「概要」から新型コロナに関する発言を抜き出したものでした。

「概要」になかったNHK「ニュース7」「ニュースウオッチ9」、TBS系「グッとラック！」も部分的に監視しているのが特徴です。

興味深いのは、一部の発言にアンダーライン（傍線）が引かれていることです。

たとえば、3月2日のTBS系「NEWS23」では、「一斉休校の是非　首相『政治判断』の根拠は？　議事録も…」という字幕でのスタジオトークでのアンカー・星浩氏の次の発言に傍線がありました。

「政権幹部にいろいろ取材してみると二つあったという。週明けに、おそらくPCR検査が進むと感染者の数も増えてくる。これに対して政権は何か手を打っていることを見せたいというのが一つある。（中略）現実には、休校に実は慎重だった菅官房長官の意見は入れられず、安倍総理と側近の今井秘書官で決めたというのが実態のようだ」

もっとも、休校要請をした首相会見について、「首相がこうして会見で国民に語りかけるのは初めてでしたし、ようやくこういう機会が持たれたわけだから、もう少し丁寧な説明があっても良かったというふうに感じる」とした小川彩佳キャスター発言を受けて、星氏が次のような鋭い指摘をした発言には、傍線がありませんでした。

「会見は結果として失敗だと思う。司会を制してでも私はやるんだと、2時間でもやるというぐらいの気迫が必要だと思いますし、質問しようとしていた記者の裏には国民がいるわけだから、国民の心に届くメッセージを伝えるべきだったと思うが、結局、結果としては総理と国民の距離が広がってしまうという気がする」

また別番組では、「若い人ほど症状が軽い」「感染者の8割ほどは他の人に感染させていない」などの発言にも傍線が引かれていました。

傍線に、どういう基準があるのかは、わかりませんが、コロナ対策が〝後手後手〟と批判にさらされるなか、テレビ報道による世論の動向の変化に敏感になっていることをうかがわせるものです。

内閣広報室が情報開示の遅れの理由に「複数の開示請求があるため」と説明していたように、メディア総合研究所の『放送レポート』編集部も同様の情報開示請求をおこない、2月1日から3月16日分までの「報道番組の概要」を入手、11月12日号で分析、紹介しています。

このなかで、同誌は、「出演したコメンテーターの名前や肩書きと、コメントの内容が、ただひたすら記録されている」などとして、『『監視』の対象は番組内容であると同時に、その番組に出演した人物の言動ではないか」と指摘。「時間と労力をかけてこのような膨大な資料を作成する政府の狙いは、いったいどこにあるのだろうか」と疑問を投げかけています。

税金を使って官僚がせっせとメディアをチェック――。メディアを支配下に置きたいという、政権の意向の一端であることは明らかでしょう。いずれにしろ、権力を監視するはずのメディアが、権力によって監視されるという異様な事態が進行していることは重大です。

番組に圧力　政権に批判的なキャスターを降板させる

安倍政権下では、徹底したメディア対策がとられてきました。とくに影響力の大きいテレビに対しては、政権に批判的なニュース番組のキャスターを降板に追い込むこともしました。その先頭にたったのが、当時官房長官だった菅首相です。

象徴的なできごとが、２０１４年７月３日に生放送されたＮＨＫ「クローズアップ現代」をめぐる〝事件〟です。

世論の大きな反対にもかかわらず、安倍政権が集団的自衛権行使容認の閣議決定をおこなったことについて、菅官房長官をスタジオに招き、詳しくインタビューするというものでした。キャスターの国谷裕子さんは、「他国を守るための戦争には参加しないと？」「なぜ今まで憲法では許されないとしてきたことが容認されることになったのか」などと質問を重ね、「しかし、そもそも（憲法）解釈を変更したということに対する原則の部分での違和感や不安はどうやって払拭していくのか」と問うたところで番組は終了してしまいました。

菅氏は激怒、手にした進行台本を床にたたきつけたといいます。『ＦＲＩＤＡＹ』（14年7月25日号）によると、官邸には事前に「こんなことを聞きます」と伝えていたのに、鋭い国谷さんの質問に、番組終了後、近くに待機していた菅氏の秘書官が、「一体どうなっているんだ」とＮＨＫ側につっかかりました。さらに数時間後には、官邸サイドからＮＨＫ上層部に「君たちは現場のコントロールもできないのか」と抗議が入ったといいます。その後、籾井勝人会長（当時）氏が、菅氏にわびを入れたといいます。三井物産元副社長の籾井氏は、同年1月の会長就任会見で、「政府が『右』と言っているものを、『左』と言うわけにはいかない」と発言したことで知られる人物です。

国谷さんは、16年3月、「番組改編」を理由に、キャスター降板となりましたが、その直後に、『世界』（同年5月号）に「インタビューという仕事　『クローズアップ現代』の23年」を寄稿。菅氏へのインタビューについて、「憲法解釈の変更に、世論の中で漠然とした不安が広がっていることを意識していた」として、次のように振り返っています。

「批判的な内容を挙げてのインタビューは、その批判そのものが聞き手の自身の意見だとみなされてしまい、番組は公平性を欠いているとの指摘もたびたび受ける。しかし、これまでも書いてきたが、聞くべきことはきちんと角度を変えて繰り返し聞く、とりわけ批判的な側面からインタビューをし、そのことによって事実を浮かび上がらせる、それがフェアなインタビューではないだろうか」

国谷さんは、同寄稿のなかで、「同調圧力が強くなってきている気がする。流れに逆らうことなく多数に同調しなさい、同調するのが当たり前だ、といった圧力。そのなかで、メディアまでが、その圧力に加担するようになってはいないか」と警鐘を鳴らしています。

ちなみに、前出の『ＦＲＩＤＡＹ』には、「毎朝5時には起きてＮＨＫニュースをチェックするという菅氏は、以前から同局の報道姿勢に疑問を持っていたというが……」という写真説明がついています。まさに、政権を批判し、政権に同調しないものは許さない、という菅氏の面目がみてとれます。

国谷さんがキャスターを降板した16年3月、安保法制成立に邁進（まいしん）する安倍政権の姿勢を問題視して番組で再三取り上げてきたＴＢＳ系「ＮＥＷＳ23」の岸井成格キャスター、テレビ朝日系「報道ステーション」の古舘伊知郎キャスターも退任しましたが、その舞台裏で菅氏の関与があったとみられています。岸井氏の場合、安倍政権は放送法４条が定める「政治的公平」に違反すると騒ぎ立て、本人やＴＢＳに公開質問状を送りつけるなど執拗に攻撃したのです。読売新聞、産経新聞の両紙に、岸井氏を名指しで批判する「放送法遵守を求める視聴者の会」なる団体による「意見広告」まで掲載されました。

放送法を持ち出して

メディアで、政権に批判的な言動をするキャスターやコメンテーターは狙い撃ちにされ、いろんな圧力がかけられます。

元経済産業省官僚の古賀茂明氏もその一人です。古賀氏は、15年3月、テレビ朝日系「報道ステーション」のコメンテーターを降板した裏に、「菅氏の介入があった」と、「しんぶん赤旗」に証言しています。（２０２０年10月5日付）

古賀氏は、同年1月、「日本人は『I am not ABE』というカードを掲げる必要がある」と同番組でのべました。日本人ジャーナリストらが過激組織ISに拘束されているのを知りながら中東歴訪中の安倍首相（当時）が「ISIL（＝IS）とたたかう周辺各国に2億ドルを支援する」と表明したことに対する抗議でした。同氏によると、番組放送中に菅官房長官（当時）の秘書官からテレビ朝日側にクレームのメールが入り、報道局幹部が対応に追われました。菅氏自身も直接介入に乗り出してきたといいます。2月末の定例会見後のオフレコ取材で「本当に頭にきた。俺だったら放送法に違反しているって、言ってやる」と語ったというのです。

古賀氏は「オフレコ取材メモはメディア各社に報告されます。菅氏はメモがテレ朝幹部の手に渡ることを百も承知で圧力をかけてきた」と証言します。テレ朝は古賀氏の降板を決定。3月27日の最後の出演で古賀氏は「菅官房長官はじめ官邸からバッシングを受けてきた」と発言。今度は言葉だけでなく、「I am not ABE」のフリップを掲げました。これに対し、菅氏は直後の3月30日の記者会見で「(古賀氏の発言は）事実に反する。きわめて不適切。放送法という法律がある。テレビ局の対応を見守りたい」と、またもや放送法を持ち出しました。

総務大臣時代から放送法をたてに恫喝

放送法をたてに、テレビ局を恫喝し、圧力をかけるのは、第一次安倍政権で、総務相を務めた菅氏の手法です。

２００６年9月から07年9月の第一次安倍政権で、放送免許を所管する総務相として初入閣した菅氏は、番組内容にかかわり「厳重注意」など8件の「行政指導」をおこなっています。放送局への総務省（旧郵政省）による行政指導は１９８５年のテレビ朝日「アフターヌーンショー」の「やらせリンチ事件」以来、35年間で40数件を数えますが、菅氏は、その5分の1をわずか1年でおこなったことになります。

その中には、ローカル局番組の料理コーナーへの厳重注意という例もありました。野草の天ぷらを取り上げたなかで、福寿草は根が漢方薬に使われる一方、摂取すれば最悪の場合、死に至ると言われているため、その局は放送中に間違いに気づきオンエアで訂正し、ホームページでも注意喚起をおこないました。にもかかわらず、行政指導案件となりました。行政指導を受ければ月1回、四半期ごとなど期日を定めた改善報告を求められます。これは、放送局にとって総務省に箸の上げ下ろしまで指示されるという感覚で、全社を挙げての対応となります。

人的余裕のあるキー局ならまだしもローカル局にとっては死活問題。訂正しても行政指導をうけるという、この事例に民放ローカル局は戦々恐々となりました。

自著で介入を自慢げに

日本の放送は政府の直接免許制で、放送局は5年ごとに一から書類を出して免許の再交付を受けます。再交付がなければ電波は出せません。申請書類に行政指導を受けたことも書くので、放送局は「再免許に影響したら」と非常に脅威となります。新聞と比べて独立性が弱いだけに、放送行政は、表現行為に萎縮効果を与えることはすべきではありません。しかし、総務副大臣も務めた菅氏は、そのことを熟知しているからこそ、放送法を持ち出して、放送局を有形無形に脅し、支配下におこうとしているのです。

総務相時代の2006年には、NHKラジオ国際放送に拉致問題を重点的に扱うよう「放送命令」を出したことがあります。自著『政治家の覚悟』のなかで、「マスコミは報道の自由への介入だとか、編集権の侵害だとか言って反発し、大騒ぎになります」といって、やめた方がいいという官僚を押しきって、放送命令を出したことを自慢げに記しています。

『政治家の覚悟』は、野党時代の2012年3月に自費出版したときには、公文書管理の重要性を訴えていたのに、総理就任後に改訂した新版では、その部分をそっくり削除したことで話題になった本です。ほかにも「マスコミの聖域にメス」と、放送にいろんな介入をしたことを隠さずにかいています。

フジテレビ系準キー局・関西テレビの「発掘！あるある大事典Ⅱ」の「納豆ダイエット捏造事件」というのもありました。「食べてヤセる!! 食材Xの新事実」と題して、納豆がダイエットに効果があり、内臓脂肪やコレステロール値を下げるという内容でしたが、あたかも海外の研究者を取材したかのようにみせかけていたデータがすべてウソで、ねつ造されたものである、と放送したテレビ局が認めたのです。

菅氏は、『政治家の覚悟』のなかで、「私としては、捏造、やらせといった番組が無反省に繰り返される放送業界の体質を変えるためには、法制化しかないと判断した」と書いているように、問題となった放送局に対し、再発防止計画の策定・提出を求め、守れなかった場合、免許停止もありうるとする放送法「改正」を画策しました。総務大臣の権限が強くなりすぎ、番組内容への政府からの処分強化は表現・報道の自由を脅かすとして、日本民間放送連盟（民放連）などの批判を浴び、与野党協議で取り下げられました。しかし、菅氏は、放送法「改正」という〝宿望〟への再挑戦を隠そうとしていません。

ＮＨＫの経営や人事への露骨な介入

菅新政権発足直後の10月16日、総務省はＮＨＫのあり方を検討する有識者会議に、テレビを設置した世帯などに受信料支払いの義務化を放送法で明確化することについて検討するよう要請しました。ＮＨＫも同有識者会議に、法改正によるテレビ設置の届け出義務化の検討を求めました。ＮＨＫ受信料の値下げと支払い義務化によるＮＨＫの事実上の国営放送化は、菅首相の総務相以来の宿願です。

２０００年代に番組制作費の不正支出などＮＨＫ職員の不祥事が相次ぎ、受信料不払いが続出しました。06年に、竹中平蔵総務相（当時）の私的懇談会が支払い義務化を含めたＮＨＫ改革案を答申し、政府・与党とＮＨＫが合意しました。しかし、直後に総務相に就任した菅氏が受信料の2割値下げとセットで迫ったため、ＮＨＫ側が拒んで実現しなかった経緯があります。

菅氏は、『政治家の覚悟』のなかで、総務相の官僚と新聞社の論説委員が、法案の内容や政策の方針について意見交換する「論説懇」の席で、「大臣はそういうことをおっしゃっていますが、自民党内にはいろんな考え方の人もいますし、そう簡単ではない。どうなるかわかりません」と発言したＮＨＫを担当する課長を、「俺の決意を示すためにやるんだ」といって総務省幹部の反対を押し切って更迭したことを『『伝家の宝刀』人事権』などと、とくとくと書いています。

２０１４年5月に設置された内閣人事局を官房長官として実質的に取り仕切り、省庁の幹部人事を握って官僚統制を強めてきた菅氏。自民党新総裁に就任直後も、9月13日のフジテレビ番組に出演、内閣人事局のあり方を見直す考えはないとし、政権の決めた政策の方向に反対する幹部官僚には「異動してもらう」と強調しましたが、この発言が単なる脅しではすまないことを証明するものです。

菅氏は、総務相時代、ＮＨＫ会長や、ＮＨＫの経営に関する基本方針や、予算・事業計画などを決定し、運営を監督する権限を持つＮＨＫの最高意思決定機関である経営委員会人事にも介入し、安倍首相とも近しい財界人を経営委員にすえました。

このことも『政治家の覚悟』のなかで、「ＮＨＫ会長を外部から起用へ」と自慢しています。これによると、菅氏のいう「ＮＨＫ改革」を進めるためには、ＮＨＫ出身の会長では無理だと判断し、安倍首相（当時）と相談し、経営委員（12人）の一人に、富士フイルム社長の古森（こもり）重隆氏を任命、古森氏は委員の互選で経営委員長に就任したのです。ＮＨＫ会長は、アサヒビール相談役の福地茂雄氏が20年ぶりに民間からの起用となり、財界人出身の会長は、いまに続いています。

特定記者を排除　〝オフレコ懇談〟にあらわれる巧妙なメディア対策

安倍政権の下で、メディアの差別・分断が進められました。かつての首相とメディアの関係であれば、首相がある放送局だけに出演するといった恣意的な選択はメディア側が許さなかったのに、安倍首相は特定の放送局に出演、みずからの主張を展開することに〝利用〟してきました。新聞でも、17年5月、安倍前首相は、読売新聞の単独インタビューに応じ、憲法改定の考え方を表明。国会での質問に対して、「読売新聞に書いてあるから、それを熟読していただいて」などと、国会を軽視する発言をしました。

「安倍政治の継承」を掲げる菅氏。東京新聞の望月衣塑子記者に対して、「あなたに答える必要はありません」などと、執拗な質問妨害と記者クラブ排除要請をおこなってきました。「説明責任」という点では、輪をかけて悪化したといえます。

菅首相が、就任後、真っ先にやったのが政権にもっとも食い込んでいることを売り物にしていた、共同通信論説副委員長だった柿崎明二氏を首相補佐官に任命したことでした。そして、政権が発足した9月16日に記者会見したものの30分と短いもので、質問できた記者は5

人だけ。日本学術会議会員候補の任命拒否問題など、都合の悪い質問が飛ぶことが予想される記者会見を極力なくすという姿勢がにじみ出ています。巧妙なメディア対策が進んでいます。

一方で、会見せずにおこなうのは、パンケーキ懇親会や、グループインタビューというもの。パンケーキ懇親会は、報道各社の首相番記者らと内容を報道しないという条件（オフレコ）で、都内にあるパンケーキがメニューにあるレストランで10月3日におこなわれましたが、参加対象19社のうち、「朝日」「東京」「京都」の3紙は「首相側に懇談ではなく、記者会見などで、きちんと説明してほしい」（「朝日」）などとして欠席しました。

10月5日、9日には、3社だけがインタビューでき、内閣記者会に加盟する他の16社の記者と抽選に当たった非加盟の記者・ライターは、別室でその模様を傍聴するというグループインタビューがおこなわれました。「会見」とは呼べない異様なものです。

10月13日には、内閣記者会に常駐する各社の首相官邸取材キャップと菅首相の懇談会が、東京・紀尾井町のホテル内の宴会場で「会費制」で開かれました。「東京」は参加しませんでしたが、「朝日」は、「首相に取材する機会があれば、できる限り、その機会をとらえて取材を尽くすべきだと考えています」として出席しました。

菅首相の10月26日の所信表明演説を控えた23日には、新聞・通信各社の論説委員、在京民放各社の解説委員、内閣記者会加盟報道各社のキャップとの懇談が官邸で3回に分けて開かれています。

オフレコ取材では、権力側から都合の良い情報を吹き込まれたり、関係性を損ねるような報道をしづらくなることも起こりえます。こうした一連の菅首相・官邸の動きは、オープンな場で、メディアの側が政権の政策、方針、考え方をただすという正確な報道を妨げる仕組みをつくっているといえます。権力の監視というジャーナリズムの役割をはたせなくなってしまいます。

メディアの連帯の重要性を指摘する声

新聞労連や民放労連などでつくる「日本マスコミ文化情報労組会議」（ＭＩＣ）が、２０２０年、報道関係者におこなった安倍政権下の「報道の危機」に関するアンケート（２１４人が回答）には、現場の生々しい声が多数寄せられました。

「報道局長とその部下の女性記者に官邸からホットラインがあり、政府、安倍総理の広報原稿を読むだけになっている」（放送局報道番組のディレクター）、「政権からクレームがくることを恐れて批判精神がなくなり、過度にバランスを取ろうという姿勢が強くなっている。事実をそのまま報道できないのが今のＮＨＫニュースであり、報道局内の空気だ」（放送局社員）、「官邸記者が政権に都合の悪いニュースをつぶしたり、番組にクレームをつける」（東京の民間放送局社員）、「政権批判の放送は上層部がつねにチェックしている」（関西の民放関連会社社員）などなど。放送局幹部などが、政権に忖度して、ジャーナリズムの使命を放棄している実態が浮かび上がってきます。

一方で、「人々と報道機関、報道各社、社内各セクションそれぞれを分断して都合よくコントロールしようとする動きに対し、連帯して抗う必要がある」（放送局社員）など、メディアの連帯の重要性を指摘する声もありました。

「安保法制の廃止と立憲と立憲主義の回復を求める市民連合」（市民連合）は、9月19日、「立憲野党の政策に対する市民連合の要望書」を発表しました。要望書は、「自民党政権に代わり、新しい社会構想を携えた野党による政権交代を求めていきたい」とのべ、次期総裁選を、自民党政権の失政を追及すると同時に、コロナ危機を踏まえ、「いのちと暮らしを軸に据えた新しい社会像についての国民的な合意」を結ぶ機会だと指摘。四つの柱をたて、15項目を要望しています。このうち、「透明性のある公正な政府の確立」のなかで、「国民の知る権利と報道の自由を保障するために、メディア法制のあり方も見直し、政府に対する監視機能を強化する」としています。

菅政権によるメディア支配のさらなる強化と対決するため、分断を乗り越えた、メディア同士の連帯、市民と、現場をはじめとするメディアの連帯をつくることが切実に求められています。

（『前衛』２０２１年１月号）

放送・通信行政をゆがめた総務省の接待疑惑

総務省と放送・通信業界との癒着の深さが改めて浮き彫りになりました。

総務省の情報通信行政検証委員会（座長・吉野弦太弁護士）が6月4日、放送関連会社「東北新社」の外資規制違反問題に関する報告書を公表しました。

疑惑の焦点——外資規制違反を見逃したか

放送法は、放送事業者の外資比率を20％未満にするように定めています。公共の電波を使い、報道や番組を通じて社会に強い影響力を持つ放送事業者が外国資本に支配されないようにするのが目的で、事業者を傘下に置く認定放送持ち株会社も規制されます。

東北新社は衛星放送事業の認定を申請した2016年9月末時点で外資比率は20%を超えていました。総務省は、今年、問題が発覚した後、5月1日付で衛星放送事業の認定を取り消しました。しかし、3月の国会に参考人として出席した東北新社の社長は、17年8月時点ですでに外資規制を認識していたことを総務省に報告していたと説明。東北新社は17年10月14日に総務省の認可を受けたうえで、衛星放送事業を本体から子会社（メディアサービス社）に引き継ぐことで外資規制違反状態を解消しました。

この一連の経過が、総務省幹部と東北新社の間の会食などの接待によって、行政がゆがめられたのではないか、という疑惑の焦点です。

検証委員会報告——〝行政がゆがめられた可能性が高い〟

第三者委員会である検証委員会の報告書は、「総務省は、認可申請前には東北新社の外資規制違反の事実を知っていた可能性が高く、同社およびメディアサービス社に対し、放送法などの規定に基づいて行政処分などを行うべきであったのにそれを行わず、承継の方針を追認した可能性が高い点で、行政をゆがめたとの指摘は免れない」と批判しました。

そのうえで、総務省の担当課長（井幡晃三衛星・地域放送課長）や奈良俊哉大臣官房審議官（情報流通行政局担当）らと、東北新社幹部らとの会食などによる影響について検討。「会食が行政をゆがめたと認めるに足りる事情は確認できなかったが、会食がなかったとしても同様にゆがめられた可能性が高いと考える」と指摘しました。

さらに報告書は、「会食の有無にかかわらず、行政がゆがめられた可能性が高いという状況は、会食などで行政がゆがめられたという状況よりもはるかに根深い問題をはらむ」と強調。委員から、「会食の積み重ねや長い付き合いにより職員と事業者との間で馴れ合い意識やムラ意識が醸成されていく可能性」「閉鎖的かつ硬直的な国の人事運用が事業者との癒着を生みやすい環境となる可能性」などを指摘する意見があったとして、「今後、委員会として総務省における他の情報通信行政についても検証を進め、再発防止も含めた提言を検討する際には、上記可能性の観点からも、会食をはじめとした事業者との関係の在り方についても、検討を行う」としました。

違反状態発覚後、高額になった接待額

検証委員会の報告書は、接待が繰り返される総務省の体質そのものに切り込む解明が必要であることを示したといえますが、同日、検証委員会とは別に、東北新社やＮＴＴなどによる一連の接待問題を調査していた総務省も「国家公務員倫理規程に違反する疑いがある会食の調査について」と題する調査結果を発表しました。

これによると、約１７０人の職員から、のべ約１５００件の会食の申告を受領し、その多くは、職員が自己の費用を支払っており、倫理法令上の問題は認められなかったとする一方、32人の職員によるのべ78件の会食について、利害関係者からの接待を禁じる国家公務員倫理法の規程違反を確認したとして、９人は減給や戒告の懲戒処分、残る23人は訓告や厳重注意などとしました。

もともと、この問題は、ことし2月、『週刊文春』で、菅義偉首相の長男が務める東北新社から総務省幹部が接待を受けていたと報じられてから国会で連日のように取り上げられ、谷脇康彦・前総務審議官が更迭、首相みずからが政府広報トップに起用した山田真貴子・内閣広報官が辞職に追い込まれるなどしました。総務省はその疑惑発覚後、東北新社からのべ39件の接待があったことを認め、谷脇氏ら11人の幹部を「処分」しましたが、今回の調査で、さらに多くの接待件数と処分職員数が膨らんだことは、同省が事業者からの接待にどっぷり漬かっていた実態を改めて浮き彫りにしました。こうした状況を見過ごしてきた歴代総務相の責任も極めて重大です。

78件の違法接待のうち、ＮＴＴドコモを含むＮＴＴグループ関係の53件に続いて多かったのが、19件の東北新社でした。このうち、外資規制を担当した井幡衛星・地域放送課長（減給３ヵ月、10分の１）の出席が6件、奈良大臣官房審議官（同１ヵ月、10分の２）が４件でした。

注目されるのは、総務省が発表した接待リストによると、東北新社の外資規制違反状態が発覚後、この2人への接待額が高額になったことです。井幡氏は17年8月28日に1人3万1320円の会食をし、2万8508円相当の野球チケットも受け取りました。それ以前の接待額は、7700円と1万1587円、翌18年の接待は7205円、6318円などで、違法状態解消の手続きのさなかの接待額が突出していたことになります。奈良氏の場合も、事業承継の認可を控えた17年9月27日の接待が2万4300円と高く、認可後の翌18年の接待は8275円、6048円などでした。東北新社の接待の狙い、意図がうかび上がってきます。

総務省調査も検証委員会の報告書も、東北新社に勤める菅首相の長男・菅正剛氏のかかわりについては明らかにしませんでした。正剛氏は、菅首相が総務相時代の大臣秘書官でした。東北新社の創業者は、菅首相と同郷の秋田県出身で、創業者親子は、首相の政治団体に多額の政治献金も行っていました。首相は国会での追及に、「長男は別人格」とかわしつづけましたが、「メディア事業部趣味・エンタメコミュニティ統括部統括部長」という肩書きで、数多くの総務省幹部接待の場に参加した正剛氏が果たした役割の究明も欠かせません。

目的はルート作り――問われる総務省、武田大臣の姿勢

その東北新社は、5月24日に、総務省幹部への接待についての特別調査委員会（委員長・井上真一郎弁護士）の調査報告書を公表しています。

それによると、2015年11月から20年12月までの会食は計54件で、2月の総務省調査には含まれていない会食が20件ありました。東北新社側で接待したのは、木田由紀夫前執行役員、三上義之前取締役などで、正剛氏が出席した会食は22件にのぼっています。54件中49件と9割以上に出席し、うち東北新社側から1人で出席した回数が26件と約半数を占める木田氏は調査委員会のヒアリングに対して、総務省幹部との会食、接待の趣旨について、次のように語っています。

「東北新社グループの衛星放送事業に関して、日々の業務で生じた相談などを気軽に行いやすくする関係構築だけでなく、衛星放送業界に関する総務省の考え方を的確に把握してそれに沿った事業展開を可能にすることや、事業者としてのニーズを総務省に伝達するルート作り、といった情報収集に意義があると考えていた」。

会食、接待の目的をストレートに明らかにしています。同社は接待費の経費伝票で総務省を「S社」「S」と隠語を使って表記していました。〝やましさ〟の認識がうかがえます。

一連の接待問題で「行政はゆがめられてこなかった」とくりかえしてきた武田良太総務相

は、総務省の検証委員会の報告書が公表された後も、検証委の指摘を「重く受け止める」といいながら、「会食によって行政がゆがめられたことはない」（6月7日、参院決算委員会）、「断定的な内容ではない」（6月8日、衆院総務委員会）などとのべ、ことの重要性を正面から受け止めようとしていません。何のための検証委員会だったのか、ということになります。真相を究明する立場にある大臣としての適格性に欠けているといわざるをえません。

しかも、外資規制をめぐっては、フジ・メディア・ホールディングス（ＨＤ）が14年9月末までの2年間、20％以上の違反状態が続いていましたが、総務省に違反を報告した14年12月時点では違反状態を解消して是正して認定の取消処分を免れています。東北新社への処分と比べ、恣意的な行政ではないかとの指摘もあります。総務省、武田氏の姿勢が厳しく問われています。

常態化していたＮＴＴの接待攻勢

一方、ＮＴＴは総務省幹部などへの接待問題について、6月7日に調査報告書を発表。２０１６年から20年にかけて費用を折半しない会食が29件あり、うち5件は大臣など政務三役が出席していたと認定しました。

報告書は「便宜供与」や「行政をゆがめた事実」は確認されなかったと結論づけましたが、

接待が常態化していた背景や動機などの突っ込んだ説明はありません。しかし、NTTグループに対して、許認可などの権限を持つ政務三役の在任期間中の接待は、大臣規範違反をはじめ、「国民の疑惑を招きかねないものであった」と指摘しています。報告書は名前を伏せていますが、野田聖子自民党幹事長代行（2件）と高市早苗衆院議員（2件）の両元総務相、坂井学内閣官房副長官（1件）、寺田稔衆院議員（1件）の両元総務副大臣は在任中の会食があったことを認めています。

野田氏ら4人は費用を返還したから問題ないと言っていますが、それですむような話ではありません。『週刊文春』3月18日号は、経験者を含む政務三役への接待は「18年から20年までの3年間では計26回」と報道しています。昨年11月にあった澤田純社長と武田総務相との会食に報告書が触れていないことも納得できません。

強い影響力を持つ菅首相に真相究明の責任がある

菅首相が政権の目玉政策として携帯電話料金の引き下げを行う方針を示すと、NTTは2020年12月に4兆円超を投じてNTTドコモを完全子会社化して経営強化を図った上で、格安の携帯料金プランを打ち出し業界の値下げ競争の流れをつくりました。過剰な接待の背景に何があったのか。NTT接待と完全子会社化について、ことし4月、ソフトバンク、K

ＤＤＩなど通信事業者21社が連名で「行政の公正性に疑義が生じた」として政府対応の検証や真相究明を求める意見書を出しています。

菅首相は、総務相時代に自分の意に沿わないＮＨＫ担当課長を更迭したことを自著『政治家の覚悟』で自慢するなど、官僚の人事権を握り、今なお総務省に強い影響力を持っています。大臣秘書官を務めた長男が東北新社で総務省接待に当たったことも含め、一連の接待疑惑の真相究明に菅首相の責任が厳しく問われています。

あいつぐ「政治とカネ」問題につながって

東北新社やＮＴＴによる総務省幹部への接待で行政がゆがめられた問題の大本には、「桜を見る会」疑惑や森友・加計問題で浮き彫りになった政治の私物化とモラルの崩壊があり、河井克行元法相・案里元参院議員の大型選挙買収事件、吉川貴盛元農水相による鶏卵大手贈収賄事件、菅原一秀元経済産業相の公選法違反事件、秋元司元副内閣相のカジノ汚職など、安倍・菅政権で相次ぐ「政治とカネ」の問題にもつながっています。

これらの問題について、国民の納得のいく説明は全くなされていません。コロナ対応など国会で議論すべき重要問題は積み残されたままなのに、自民党、公明党などは、日本共産党などの会期延長要求を拒否して、通常国会を閉じてしまいました。自民党・菅総裁の責任は重大です。

一方で、自民党内では、緊急事態宣言中の深夜に東京・銀座のクラブをおとずれた松本純元国家公安委員長ら3人の衆院議員の復党を検討しているという報道まであります。政治や行政への信頼を取り戻すためにも、国会の行政監視機能を立て直すことが求められています。

（『前衛』２０２１年8月号）

政治を劣化させた政党助成金と廃止法案の意義、メディアの問題点

日本共産党国会議員団は2月4日、「政党助成金廃止法案」を参院に提出しました。

政党助成金制度は、本来国民が拠出する浄財によってまかなわれるべき政治資金のありかたをゆがめるものです。同時に、税金を政党に配分する仕組みによって、主権者である国民の思想・信条の自由、政党支持の自由を侵す、憲法違反の制度です。日本共産党は一貫して受け取りを拒否し、制度の廃止を求めてきました。

法案提出後、記者会見した田村智子政策委員長が、「このような民主主義を壊す、きわめて有害な制度を続けていいのかが、厳しく問われていると考えます」と呼び掛けたにもかかわらず、ほとんどのメディアが黙殺したことは、現在のメディア状況を示しています。

本稿では、政党助成金制度が始まった経緯や、いかに政党、政治家の墜落、劣化を招いてきたかということにふれながら政党助成金廃止法案の意義を明らかにし、メディアが黙殺した問題点、メディアが果たすべき役割について考えてみたいと思います。

政党の堕落、劣化を招いた

政党助成金制度は、１９９０年代の「政治改革」のなかで導入されました。中曽根康弘、竹下登、宮沢喜一各元首相はじめ自民党の有力議員、社会党（当時）、公明党の衆院議員や官僚トップ、財界、言論界などに値上がり確実の未公開株をばらまき、まさに〝総汚染〟となったリクルート事件。それに続いて、金丸信・自民党副総裁の巨額脱税事件、ゼネコン汚職、佐川・暴力団事件など、金権腐敗事件が相次ぎ、政党や政治家が企業・団体献金に依存したままでは金権腐敗政治の根が断てないというのが導入の口実でした。政党助成金制度は「政治改革」の2本柱として、衆院への小選挙区制導入と一体のものでしたが、衆参両院でこれらの悪法に反対したのは日本共産党だけでした。

制度導入の際に、提案者の側からは、原資として「税金に過度に依存しない」としていたにもかかわらず、「国民1人あたり２５０円の税金」が積もり積もって、１９９５年の制度施行から2021年までの27年間、政党助成金総額は計約8539億6300万円にのぼっています。27年間で最も多く受け取ったのは自民党で、計約4088億7800万円です。

こうしたなか、多くの政党が運営資金の大半を政党助成金に依存する「税金頼み」となっています。2020年の政治資金収支報告書によると、自民党は収入のなかで政党助成金が172億6136万円で、収入の71・7%を占めます。「身を切る改革」が売り物の日本維新の会は18億5311万円が政党助成金で、収入の80・2%が税金です。公明党は30億2933万円で、税金依存度は24・8%ですが、依存度は前年度から1.4ポイントあがりました。

一方、「民主主義の健全な発展に寄与する」(政党助成法第1条)ことを目的に掲げ、国が政党に資金を助成するとされてきたにもかかわらず、政党助成金目当てで理念も政策も抜きにして、新しい政党がつくられては解散するということが繰り返されてきました。政党助成金の分配は1月1日現在の所属国会議員数などで決められるため、制度発足以来、年末の政党の離合集散や復党劇が目立ちました。交付要件の一つに「所属国会議員5人以上を有する」があるため、その名も「フロムファイブ」という短命政党もありました。

1997年末の新進党「分党」をめぐっては、こんなこともありました。新進党は12月27日の議員総会で解散を決定し、同31日付で解散。98年1月4日に「分割協議書」に署名、6

党の名前や所属議員などを確定しました。結党大会や設立総会は1月4日～12日で、1月1日時点では、党名も所属議員数もはっきりしていなかった「新党」6党が、新進党の97年分の政党助成金93億円を山分けしました。旧新進党の〝遺産〟は、その後、多くが議員個人の資金管理団体や、議員みずからが支部長を務める選挙区支部に回されました。「政党本位の政治の実現」という触れ込みだった政党助成金が、政党の離合集散の動きにしたがって議員個人のふところに入っていたというわけです。しかも許されないのは、のちに公明党に合流した「黎明クラブ」は18日間、存在しただけで、まさに政党助成金確保をねらった〝ペーパー政党〟でした。

２０１２年末には「新党日本」「太陽の党」「新党きづな」「新党大地」の4党が、総務省に解散届を提出していながら「特定給付金」という名目で、年4回に分けて交付される12年の最終分の政党助成金を受け取りました。合わせて1億５５２３万円。こうしたことができたのは、５人以上の国会議員がいることなどの政党要件を満たさなくなった場合でも、政党助成金を受けたいと申請すれば残額分の一部をもらえる〝抜け道〟規定があるためです。なかでも露骨だったのは、石原慎太郎代表で発足した「太陽の党」です。政党助成金の交付対象となっていた「たちあがれ日本」を「太陽の党」に党名変更することで政党助成金受け取りの「権利」を引き継ぎました。そして、橋下徹大阪市長（当時）率いる「日本維新の会」

に合流し、12年の政党助成金の残額2896万円を受け取り、「維新」への〝持参金〟となりました。

以上、みてきたようなカネ目当ての離合集散は何を示しているのか。「まさか政党交付金欲しさで政党を作っているわけではなかろう。だが国会議員が集まれば政党になる、政党などいつでもできると、政治家自身が勘違いしていないか」（「毎日」13年1月3日付「社説」）と皮肉られる始末です。

「民主主義の健全な発展に寄与する」はずの政党助成金は、〝国営政党〟をつくり、税金目当ての離合集散という政党の劣化と堕落をもたらしました。

原資は税金なのに、買収資金にも

政党助成法は、「国は、政党の政治活動の自由を尊重し、政党交付金の交付に当たっては、条件を付し、又はその使途について制限してはならない」（第4条1項）と規定しています。使途に制限がなく、何に使おうが勝手だというのです。しかし、原資は国民の税金です。

助成金の使途は、組織活動費や宣伝事業費などは1件あたり5万円以上のものは、金額と支出目的、日付、支払い先などを記載する必要があり、毎年、総務省が「政党交付金等使途報告書」を公表しています。これによると、「政治活動」とは無縁な使われ方が、たびたび問題になってきました。たとえば、選挙違反対策の弁護士費用、除雪費、ストーブ代、カーテン、カーペット、台所用品、浄化槽清掃料、料亭や高級クラブなどでの飲み食い……。原資が税金という感覚がまひしているのではないでしょうか。少し古くなりますが、安倍晋三元首相は、自民党幹事長時代の2002年、携帯電話の「携帯ストラップ」5000個、73万2500円を政党助成金で購入していました。一方、使途をあれこれ詮索されるのを避けるためか、党本部から受け取った助成金を全額、「人件費」に使ったと報告する政治家もかなりいます。

政党助成法第4条2項は、「税金その他の貴重な財源で賄われるものであることに特に留意し……国民の信頼にもとることのないように……適切に使用しなければならない」と定めていますが、「適切な使用」とは程遠い実態で、何の歯止めにもなっていません。

政党助成金が「買収資金」になった事例もあります。

政党助成金の不正利用・虚偽報告、受託収賄罪など五つの罪に問われた自民党元衆院議員・中島洋次郎被告に対し、東京地裁は1999年7月14日、2年6月の実刑判決を言い渡しました。中島被告の一連の事件は、96年10月の総選挙で、現金をばらまき、その資金を穴埋めするために、国民の税金である政党助成金と、防衛政務次官の立場を利用して得たワイロをあてたというもの。判決は、「被告は公的資金をいわば私物化し、それを取り繕うために、政党助成金や政治資金規正法の趣旨を踏みにじる犯行に及んでいた」と断じました。政党助成金が「清潔な政治」の実現どころか、腐敗の温床になっていることを象徴的に示すものでした。

２００３年11月の総選挙でも、政党助成金が買収資金となったことがあります。埼玉８区で初当選した自民党の新井正則議員は、選対幹部らに現金を渡し買収を指示したとして、公選法違反（買収）の疑いで逮捕されました。この買収の原資は、自民党本部から新井氏が支部長の「自民党埼玉県８区選挙区支部」に交付された政党助成金でした。検察側は論告で「被告は買収行為に当たることを十分に理解していたにもかかわらず、国民の税金である政党交付金で安易に買収をおこなった」「国民の政治不信を招く行為で、責任は重大」と懲役４年、追徴金２６０万円を求刑。04年６月、さいたま地裁は、懲役３年、執行猶予５年、追徴金２２０万円の有罪判決を言い渡しました。ちなみに、この選挙で、「日本の政治をアライます」などとＰＲした新井氏を、当時の総裁派閥だった森派幹部として応援した一人が安倍晋三元首相（当時幹事長）でした。

最近では、安倍首相（当時）も大きく関与した２０１９年参院選広島選挙区です。同選挙区（定数２）に現職の溝手顕正議員がいながら、安倍氏は河井克行元法相の妻の案里氏を擁立、みずからの秘書を送るなど全力で支援しました。河井夫妻陣営には、溝手氏の10倍、1億5000万円もの選挙資金が自民党本部から提供されました。そのうち1億2000万円が政党助成金だったことが明らかになっています。100人の地方議員らに計約2870万円ものカネを配ったという、大がかりな前代未聞の選挙買収事件は、税金が買収資金となった疑いは濃厚ですが、自民党本部、岸田文雄首相は買収との関係を否定するだけで、それを裏付ける証拠は示していません。

政党の堕落、感覚まひという点では、「身内企業」への発注という問題も明らかになっています。

自民党の経理局長（国会議員）や事務総長など幹部職員が役員を務める二つの株式会社が、毎年、「調査費」「宣伝広報費」「筆耕手数料」「印刷製本費」などの名目で、自民党から多くの仕事を受注しています。このうち、世論調査会社「日本情勢調査」は、2003年3月に「政治、経済、文化、生活、その他各種情報の収集、処理及び販売」を目的に設立され、岸田首相も自民党経理局長時代、代表取締役を務めました。もう一つの「自由企画社」は、1972年の総選挙で日本共産党が躍進したことに危機感を深め、反共キャンペーンを進めた当時の橋本登美三郎幹事長の提唱により、翌73年10月、「自民党の直属の広告代理店」として発足した会社です。

政党助成金が、政治活動とは程遠い使われ方をし、買取資金となり、身内企業に流れ、国政選挙などでテレビコマーシャルやポスターとして使われる……。政党助成制度が民主主義を壊す、きわめて有害な制度であることは明白です。

異常な「ためこみ」――「維新」の巧妙な返納逃れも

政党助成金の原資は、国民が払った税金です。ですから、余ったら「国庫」、国に返納するのがあたりまえです。政党助成法も、政党本部または政党支部に残金が生じれば、総務大臣が政党（本部）に返還を命じることができると定めています（第33条2項）。政党が解散した場合も同様です。

実際、09年に約150万円を使い残した公明党の沢雄二前参院議員が支部長の「公明党参院東京選挙区第三総支部」にたいし、片山善博総務相（当時）が、政党助成法にもとづき、国庫への返納を命令したことがあります。

ところが、「政党基金」「支部基金」という名目で、国庫に返納せず、「基金残高」として、ためこむことができる〝抜け道〟がつくられ、各党、各政治家は、せっせと「基金」でためこんでいるのが実態です。

2020年の「政党交付金使途等報告書」によると、各党の「基金残高」は、自民党239億5603万円、立憲民主党19億5000万円、公明党18億456万円、日本維新の会13億3800万円、国民民主党4億4566万円など。総額298億4517万円で、2020年に日本共産党を除く各党に配られた317億7368万円に匹敵する金額がためこまれたことになります。

岸田内閣の閣僚や自民党役員らも、みずからが支部長を務める自民党支部で、政党助成金をためこんでいます。岸田首相は、2638万5147円で、自民党本部から受け取った1300万円の2年分です。しかも、前年の基金残高より50万円以上増やしています。麻生太郎副総裁は1930万4859円で、前年より約140万円増です。

ここで特筆したいのは、「維新」のきわめて巧妙な〝返納逃れ〟の手口です。

2015年末、旧維新の会の〝分裂〟に伴い、日本維新の会の所属議員らが、代表を務める自分の支部で受け取った政党助成金を、「なんば維新」という団体に「寄付」し、その後、模様替えした「おおさか維新の会」の支部に移し替えていたのです。「なんば維新」というのは、15年12月11日に設立して、翌16年3月10日に解散した団体。代表者は松井一郎大阪市長の元秘書。国庫への返納を逃れるために、ダミー団体をつくっていたのです。その額は判明しただけで約8700万円にのぼりました。

維新の党から「おおさか維新の会」（16年8月、日本維新の会に改称）に参加した足立康史衆院議員は、16年5月26日、このカラクリについて自身のツイッターで、「暫定の箱を作って年越しした次第です。ザッツオール」と〝告白〟していました。「維新」創設者であり、当時、日本維新の会法律政策顧問だった橋下徹氏は、15年10月、自身のツイッターで「政党交付金をできる限り多くの国民の皆様にお返しする」と書き込みましたが「身を切る改革」がいかに事実の合わない空宣伝であることは明らかです。

企業献金との「二重取り」「政治とカネ」の問題続く

政党助成金をめぐって、さらに重大なことは、この制度が、企業・団体献金を禁止するという口実で導入されたにもかかわらず、企業・団体献金は温存され、政党助成金との〝二重取り〟が続き、「政治とカネ」の問題は後を絶たないということです。

政党助成金導入の目的について、当時の細川・非自民連立内閣は「政治腐敗事件が起きるたびに問題となる企業・団体献金については、腐敗の恐れのない中立的な公費による助成を導入することなどにより、廃止の方向に踏み切る」（１９９３年8月）と説明してきました。ところが、政党への企業・団体献金は「禁止」したものの、政治家個人が代表を務める政党支部への企業・団体献金は〝野放し〟のまま認めています。多くの自民党国会議員は、資金管理団体で、「励ます会」などの名目でパーティーを開催して、事実上の企業・団体献金を集める一方、みずからが代表を務める政党支部を企業・団体献金を集め、党本部から政党助成金の交付を受けるという〝二つ目の財布〟にしています。

このため、繰り返し「政治とカネ」の問題が起きています。最近でも、甘利明前自民党幹事長が、2016年1月、経済再生相（当時）道路工事の補償をめぐって都市再生機構（UR）とのトラブルを抱えていた建設会社側から自身や秘書が現金を受け取ったことを認め、大臣を辞任、あっせん利得処罰法違反容疑で刑事告発（不起訴）される事件がありました。現金授受は大臣室でもおこなわれており、旧態依然ぶりを示しました。その後も、2019年12月、自民党の秋元司衆院議員がカジノを含む統合型リゾート（IR）事業をめぐる収賄容疑で逮捕され、昨年9月、懲役4年の実刑判決を受けました。20年12月には、吉川貴盛・元農林水産相が鶏卵業者からの現金供与疑惑で議員辞職、昨年1月に収賄罪で在宅起訴されました。昨年6月には、菅原一秀・元経済産業相が選挙区内で違法な寄付をした疑いで自民党を離党し、辞職。公選法違反の罪で略式起訴され、罰金40万円、公民権停止3年の略式命令を受けました。2012年12月から7年8ヵ月余にわたった第二次安倍政権では、河井克行元法相含め6人の閣僚が「政治とカネ」の問題で辞任しています。

「政治改革」の名のもとに、政党助成金と小選挙区制が導入されて27年。小選挙区制は定数1。候補者を公認し、資金を差配する執行部の力が中選挙区時代と格段に強くなったことが、「政治とカネ」の問題が続く背景にあることは間違いありません。

「政治改革」を財界と進めたメディア

今回、日本共産党の政党助成金廃止法案を、ほとんどのメディアが黙殺したことは、メディアが、当初から「政治改革」なるものに深く肩入れしてきたことと無関係ではありません。

リクルート事件発覚からほぼ1年後の1989年6月、宇野宗佑首相のもとで第八次選挙制度審議会が発足しました。会長は、小林与三次日本新聞協会会長（読売新聞社長）で、委員には、日本経済新聞社長、元共同通信論説委員長、朝日新聞編集委員、産経新聞、毎日新聞、読売新聞、NHKの各論説委員長、テレビ東京会長（日本民間放送連盟会長）、中国新聞社長、元時事通信論説委員が加わり、小選挙区制賛成、公的資金導入賛成の一大キャンペーンが展開されました。同審議会は、90年4月に第一次答申（選挙制度及び政治資金制度の改革についての答申）、7月に第二次答申（参議院議員の選挙制度の改革及び政党に対する公的助成等についての答申）を出し、その後の小選挙区制、政党助成金への流れをつくりました。

さらに92年4月に発足した財界、「連合」、マスコミ幹部、この第八次選挙制度審議会に参加した学者らでつくる「政治改革推進協議会」（民間政治臨調、会長＝亀井正夫日本生産性本部会長・住友電工前会長）は、同年11月に「中選挙区制度廃止宣言」を発表するなど、金権腐敗問題に端を発した政治腐敗一掃のための「政治改革」を小選挙区制導入にすり替える世論誘導をおこないました。民間政治臨調自体が、いかに世論操作を画策したかについて、「赤旗」93年9月19日付は、同臨調の92年10月の会合の「議事録」をスクープしました。同臨調とNHKがタイアップして「ニュース21」で特集番組の準備が進められ、雑誌『中央公論』で提言を同時発表するため、20ページ確保してあることなどが記録されていました。この会合には、「読売」「毎日」の論説委員、日本テレビの政治部首相官邸キャップらが出席、記者発表の仕方について、土、日曜日に記者発表してマスコミに記事が立て込まない月曜日付で報道させるようにするなど、メディア対策をアドバイスしている内幕も明らかになっていました。

一方、自民党の政治改革本部は、第八次選挙制度審議会の答申と相前後する時期の90年6月から8月にかけて、在京テレビ・キー局各社と個別に、新聞各社論説委員クラスと、審議会が答申した選挙制度、政党への公費補助などについて意見交換しています。メディアが、自民党、財界と一体となって、「政治改革」をすすめたことは明白です。

93年8月の総選挙では、金権腐敗一掃のために企業・団体献金の廃止が最大の争点と言われながら、選挙報道ではそれがほとんど取り上げられず、最初から最後まで「自民・非自民の対決＝政権交代」一本に〝争点〟を絞った選挙論議や報道活動が展開されました。NHKやテレビ朝日などの討論番組で番組司会者が、しばしば小選挙区制導入や企業・団体献金の廃止問題について議論を求める日本共産党出席者の発言を抑え、強引なやり方で議論を「自民か非自民か」の政権問題に引き戻そうとする場面もありました。

メディアの空洞化ともいえる状態であり、今日の翼賛的政治を助長するメディアの弱点が現われています。今回、日本共産党の「政党助成金廃止法案」を黙殺したことにもつながります。

翼賛化を阻止するためにも

一方、政党助成金の害悪に触れる論調もわずかですがみられます。

「毎日」論説委員は、21年1月7日付夕刊「花谷寿人の体温計」で、政党助成金が「政治腐敗の防止に役立っていない」として、「政党交付金は必要か」と書きました。

昨年来、国会議員の文書通信交通滞在費（文通費）の見直しが問題になっていますが、「朝日」21年12月21日付「耕論」で、政治学者の山崎望氏は、「文通費問題を機に、多額の公金が投じられている政党交付金も含めて使途の透明性を確保し、その妥当性を論じる必要があります」と強調しました。

一橋大学大学院の中北浩爾教授は、「信濃毎日」の1月16日付に、「腐敗を生む政党交付金依存」との見出しで、「共産党を除く各党は、政治改革の結果、有権者との関係を希薄化させ、政党交付金への依存を高めてきた」と指摘。「大きい政党であればあるほど、多額の政党交付金を支給され、それを活用して選挙で勝利するという循環が生まれかねない」として、「通常国会では、国会議員の文書通信交通滞在費だけでなく、広く政治資金制度のあり方について議論してほしい」と注文をつけています。

これまでみてきたように、日本共産党が「政党助成法廃止法案」を提起した意義は明らかです。

また、「政治改革」のもう一つの柱だった小選挙区制。昨年の総選挙の小選挙区では、自民党は48％の得票で75％の議席を獲得し、いわゆる「死票」は全体の48％にあたる2656万票にのぼりました。最大2・08倍だった「1票の格差」をめぐり、全国の高裁・高裁支部で争われた訴訟で、「合憲」「違憲状態」の判決が拮抗していますが、小選挙区制のもとでは、根本的解決にはなりません。

昨年の総選挙のさなか、「東京」10月23日付「ぎろんの森」は、「平成の政治改革から30年近くがたち、弊害も明らかになりました。小選挙区制中心の選挙制度や広く政党助成制度を続けていいのか、選挙後には読者の皆さんとも議論を深めたいと考えます」と書きました。政治の翼賛化がすすむなか、メディアは今こそ、民主主義の発展に貢献するという本来の役割を果たすべきでしょう。

（『月刊学習』２０２２年４月号）

安倍元首相の「国葬」をテレビはどう報じたか

安倍晋三元首相の「国葬」が9月27日に、多くの国民の反対を押し切って強行されました。当日のテレビは、「国葬」の模様を生中継するなどして、多額の税金を使って安倍政治の礼賛・美化をするという岸田文雄政権による〝政治ショー〟に加担するものとなりました。権力監視機能の放棄ともいえ、メディアの批判的検証が今後、強く求められています。

多くの国民が「反対」しているのに、とりあげなかったテレビ

まず、経過を振りかえってみます。

安倍元首相は参院選最終盤の7月8日、奈良市で銃撃を受けました。元首相が遊説中に銃撃され、亡くなるという衝撃的な事件に、テレビ各局は、銃撃の瞬間の映像や音声を繰り返し流し続けました。翌9日になると、安倍氏の死を悼むだけではなく、〝功績〟のみをたたえる番組が多くみられました。TBS系「報道特集」がわずかに安倍氏の功罪についてもふれましたが、この日は参院選の投票日前日にあたり、一連の報道が視聴者の投票行動に影響を与えたことも考える必要があります。

岸田首相は、事件から6日後の7月14日の記者会見で、安倍氏の「国葬」を9月27日に行うことを明らかにし、22日に閣議決定しました。岸田首相は会見で、「国葬」とする理由について、「憲政史上最長の8年8ヵ月にわたり卓越したリーダーシップと実行力で……内閣総理大臣の重責を担った」「東日本大震災からの復興、日本経済の再生、日米関係を基軸とした外交の展開などの大きな実績をさまざまな分野で残された」「そのご功績は誠にすばらしいものがある」などをあげました。

これに対し、日本共産党の志位和夫委員長は、7月15日、いち早く、「安倍元首相礼賛の『国葬』の実施に反対する」との談話を発表しました。このなかで志位氏は、「政治的立場を異にしていても、ともに国政に携わってきたものとして、亡くなった方に対しては礼儀をつくすのが我が党の立場」としつつ、「それは安倍元首相に対する政治的評価、政治的批判とは全く別の問題である」として、「安倍元首相を、内政でも外交でも全面的に礼賛する立場での『国葬』を行うことは、国民のなかで評価が大きく分かれている安倍氏の政治的立場や政治姿勢を、国家として全面的に公認し、国家として安倍氏の政治を賛美・礼賛することになる」「こうした形で『国葬』を行うことが、安倍元首相に対する弔意を、個々の国民に対して、事実上強制することにつながることが、強く懸念される」と強調しました。

広がり始めた反対、疑問の声にこたえずに

当時、NHKが7月16日から3日間実施した世論調査では、「国葬」の方針について、「評価する」が49%で、「評価しない」の38%を上回りましたが、3人に1人以上が「国葬」に否定的でした。TBSラジオの「森本毅郎スタンバイ!」が15日に「国葬」について、リスナーにツイッターとメールで意見を募ったところ、約95%が「反対」でした。ツイッターでは、「#安倍晋三の国葬に反対します」のつぶやきが増加、「税金を使うな」「法的根拠がない」という声があふれました。

自民党の茂木敏充幹事長は7月19日の記者会見で、日本共産党など野党が「国葬」に反対していることに、「国民の声、認識とかなりずれているのではないか」と表明、「『国葬』は極めてふさわしい、適切なありかた」と説明し、「国民から『いかがなものか』との声が起

こっているとは認識していない」と言い切りました。しかし、ずれているのは茂木氏です。

新聞各紙は社説で、「『国葬』に疑問と懸念」(「朝日」7月20日付)、「国民の分断を懸念する」(「東京」同)、「なぜ国会で説明しないのか」(「毎日」7月23日付)と「国葬」に異議や懸念を表明しましたが、テレビの多くは、この問題をほとんど取り上げませんでした。

日本ジャーナリスト会議(JCJ)は、8月8日、「戦前の遺物『国葬』にメディアは明確に反対を」との声明を発表しました。このなかで、「主要メディアの『国葬』に対する姿勢はあいまいだ。『国葬』は天皇主権の明治憲法体制の遺物であり、国民主権・民主主義とは相いれないという立場を、報道機関は明確にし、人々に伝えるべきではないか。『国葬』とは何か、歴史を踏まえて検証し、国民の『知る権利』に応え、『国葬』を実施するなと主張することを強く望みたい」「『国葬』強行は、戦前回帰、異論封殺、国民総動員につながりかねないという危機感を持って、報道機関は取材に当たってほしい。戦後ジャーナリズムの原点に立ち返って『国葬』にきっぱり反対の論陣を張ることを呼びかける」と求めています。

しかし、残念ながら、テレビの多くは、政府の「国葬」閣議決定などをニュースとして取り上げるだけで、深く検証することはありませんでした。

現状追認のコメント

こうしたなか、8月11日のBS11の「報道ライブ　インサイドOUT」は、「安倍国葬に賛否あり」と題して報道しました。「岸田首相が「民主主義を断固として守り抜く決意を示す」と「国葬」を決めたことについて、「（手続きが）はたして民主的といえるのか」とナレーションが入ったり、共同通信の世論調査で、「国葬」について、「賛成」を「反対」が上回り、首相の説明が「納得できない」が56％に上ることを紹介しました。ところが、残念だったのは、二人のゲスト。「閣議決定したから、もう覆えることはない」（井上寿一・学習院大学法学部教授）、「国会を開いて審議するのが筋だが、今後も（政府から）説明はないでしょう」（御厨貴・東大名誉教授）などと現状追認に終始しました。番組は「二分される世論」とするのですが、「岸田首相は、国民がここまで反対するということは頭になかった」（御厨氏）、「手続き的に瑕疵（かし）があったとは思わないが、手続きが軽いのでは」（井上氏）と言うだけで議論が深まりませんでした。

問題はゲストを選ぶテレビ局です。8月3日には、憲法研究者84人が「国葬」の決定に対して、「単に法的根拠を持たないだけでなく、日本国憲法に手続き的にも実体的にも違反することになると危ぐし、この国葬の実行に反対する」との声明を出していました。放送法4条は、「意見が対立している問題については、できるだけ多くの角度から論点を明らかにすること」と提起しています。テレビは、こうしたことを踏まえた番組作りをするべきでした。

「国葬」反対の声や行動に冷淡でいいのか

安倍元首相を銃撃した容疑者が統一協会の〝信者2世〟で、その犯行動機と結びつく形で、安倍氏が「霊感商法」や高額献金、正体を隠した「伝道」活動、当事者の意思を無視した集団結婚など、数々の反社会的行為を行っている統一協会＝国際勝共連合の〝広告塔〟だったことなど、自民党政治家と統一協会との抜き差しならない癒着が次々と明らかになり、「国葬」に対する世論の風向きは、大きく変容していきました。「毎日」と社会調査研究センター（8月20、21日調査）は「賛成」30％に対し、「反対」53％、「産経」・ＦＮＮ（同）が「賛成」40・8％に対し、「反対」51・1％などです。

憲法に照らし合わせた検証がなく

こうしたなか、岸田政権は、8月26日の閣議で、「国葬」に約2億5０００万円を支出することを決定。これまで、積極的に報道してこなかったテレビも同日、さすがにこのニュースにからめて「国葬」を伝えました。

たとえば、ＮＨＫ「ニュース７」は、「四つの論点が浮かび上がった」として、①法的根拠②予算決定のプロセス③特定の政治家の葬儀を行うべきか④国民への影響――について２人の学者の意見を紹介しました。「法的には問題ない」とする曽我部真裕・京都大学教授も「（安倍氏を）顕彰する理由がじゅうぶんで広く説得力を持つかは、議論しなくてはならない」と指摘。武田真一郎・成蹊大学教授は、「『国葬』には政治利用の側面があり、弔意を強制する効果は避けられない」と話しました。

フジ系「めざまし８」は、宮間純一・中央大学教授の「国会で議論すべき」「いままで以上に具体的な説明が必要」というコメントをフリップで紹介したものの、フジテレビの風間晋解説委員は「国民一人ひとりが気持ちよく送ればいいのでは」というコメント。

ＮＨＫ「ニュースウオッチ９」で、田中正良キャスターが最後に「国民の疑問に答えるよう政府は説明を続けていくことが求められる」とまとめたように、全体としてどの番組も憲法に照らしてどうかなど、正面から迫るのではなく、政府の「国葬」ありきを追認するような内容でした。この日、法律家ら１１８人が、「統一協会の被害拡大に手を貸す」などと「国葬」反対の声明を発表したことは報じられませんでした。

８月31日、岸田首相は記者会見しましたが、安倍元首相を特別扱いして「国葬」とすることについて、在任期間が８年８ヵ月と「憲政史上最長」となったことなど従来の説明を繰り返すだけでした。そして、同日、岸田首相は、「葬儀委員長」として、「国葬」当日には、「哀悼の意を表するため、各府省においては、弔旗を掲揚するとともに、葬儀中の一定時刻に黙とうすることとする」との決定もしました。

日本共産党の志位委員長は、翌9月1日、「岸田政権による『国葬』の強行が憲法違反であることはいよいよ明瞭になった」として、「憲法違反の『国葬』を中止せよ」との声明を発表しました。このなかで、①「時の内閣や政権党の政治的思惑・打算によって、特定の個人を『国葬』と言う特別扱いをすること」は、「憲法14条が規定する『法の下の平等』に反する②岸田首相の「故人に対する敬意と弔意を国全体であらわす儀式」との発言（8月10日）は、わが国は国民主権の国であり、「国全体」とは「国民全体」ということになり、国民全体に弔意を強制することは、憲法19条の「思想及び良心の自由」に反する③「国葬」は戦前の天皇中心の専制国家を支える儀式――憲法の国民主権や基本的人権に反し失効しており、実施の根拠法はない④儀式に直接かかる費用だけで2.5億円―総額も示さず、国会での説明も議決もなしに国民の血税を使うのは無法に無法を重ねるもの⑤「国葬」強行のもたらす政治的害悪――安倍政治への「敬意」を国民に強要し統一協会と自民党の癒着関係を免罪、日本の民主主義を破壊……と厳しく指摘しました。

1万3000人の大集会を伝えないNHKニュース

「国葬」反対の世論の高まりにおされ、これまで国会の場で説明してこなかった岸田首相は9月8日、衆参両院の議院運営委員会の閉会中審査にみずから出席しました。「国葬」を実施する理由を説明するのが目的でしたが、ここでも従来の説明を繰り返すだけでした。テレビはどう報じたか。

同日夜のNHK「ニュース7」は、実施理由・決定の判断▽費用の妥当性▽警備体制▽弔意のあり方――がテーマだったと紹介。とくに岸田首相が決めた「国葬」の実施理由＝憲政史上最長の在任期間▽経済再生・日米同盟強化などの実績▽各国から弔意が示されている▽亡くなった経緯――を見出しにして、政治部記者が岸田首相に代わって視聴者に記憶しやすく念押ししているような印象でした。質疑の紹介では、日本共産党の仁比聡平参院議員の「国民全体に事実上の弔意を求めて内心の自由を侵す。これは憲法19条に違反する」とただした場面は放送したものの、くわしい解説はしません。民放各局も〝賛否が分かれる〟「国葬」という報道姿勢で、踏み込んだ内容ではありませんでした。

こうした状況では、1967年、佐藤栄作政権によって行われた吉田茂元首相の「国葬」の際、テレビ放送が追悼一色になり、弔意強制につながったように、安倍氏の「国葬」当日の報道も同様の事態になるのではないか、という危惧が出てきました。

実際、イギリスのエリザベス女王の「国葬」がおこなわれた9月19日午前11時（日本時間同午後7時）、NHKは「ニュース7」を45分拡大し、「国葬」を生中継しただけでなく、その後「生中継　エリザベス女王国葬～愛された96年の生涯」（午後8時15分～55分）を放送。「ニュースウオッチ9」でも「国葬」や現地での追悼の模様を伝えました。日本テレビやTBSなどの地上波メディアが、YouTubeチャンネルを通じてライブ配信しましたが、NHKの熱の入れようは異常ともいえます。安倍「国葬」を意識した〝地ならし〟ではないかという声も上がりました。しかも、気象庁が「かつて経験したことのない危険が迫っている」と呼びかけた台風14号が日本列島に上陸中で、「なんで国内の災害ニュースを後回しにして、他国の『国葬』がトップになるのか」といった批判があいつぎました。何よりも、この日、NHKのすぐそばの代々木公園で、憲法を踏みにじる「国葬」反対などを掲げた1万3000人の大集会がおこなわれたのに、「ニュース7」では取り上げませんでした。

マスコミ関係労組の警鐘にもかかわらず

「国葬」が近づくにつれ、「国葬」に反対する世論は広がるばかりでした。閉会中審査後に、各メディアが行った世論調査によると、7月末や8月の前回調査に比べて、いずれも「反対」

の割合が増加しました。もっとも「反対」の割合が増えたのは、「日経」とテレビ東京の合同調査（9月16日〜18日）で、7月末の47％から13ポイント増の60％でした。以下、「産経」・FNNの11・2ポイント増の62・3％、「毎日」・社会調査研究センターの9ポイント増の62％、共同通信の7・5ポイント増の60・8％、NHKの6・7ポイント増の56・7％などです。

民放労連、新聞労連、出版労連、全印総連、映演労連などで構成する「日本マスコミ文化情報労組会議」（MIC）は、9月20日、「非民主的な国葬挙行について」との声明を発表しました。皇族や軍人らを対象に行われた「国葬」は戦後廃止され、1980年の大平正芳氏以降、首相経験者は内閣・自民党合同葬が慣例化しているのに、全額国費負担の「国の儀式」として実施しようとしていること、国民全体や海外の要人も大きく関係する「国の儀式」にもかかわらず、国会での議論もなく、その決定は国民に開かれた形で行われなかったことなどを指摘、「このような一方的な決定は、市民が培ってきた民主主義社会を蔑ろにし、破壊するもの」と批判しています。そのうえで、1967年10月31日に行われた吉田茂元首相の国葬では、「放送局は葬儀の日にふさわしくない番組やCMの自粛を申し合わせ、テレビ放送が追悼一色になった。メディアのこのような振る舞いは、市民への一方的な価値観の押しつけとなる。メディアは自覚を持って、このように『国家的イベント』を煽る行為を繰り返さないよう、自重しなければならない」とのべています。

追悼一色となった吉田元首相の「国葬」放送

ＭＩＣの声明でふれているように、吉田氏の「国葬」の際、テレビは当日、ＮＨＫ、民放5局が「国葬」の模様を生中継したのをはじめ、特別番組をそれぞれ放送、追悼一色になりました。「ザ・ヒットパレード」「丹下左膳」「奥様は魔女」「そっくりショー」などのレギュラー番組の放送は見送られ、代わりにベートーベンの「英雄」やハイドンの「告別」、チャイコフスキーの「悲愴」などのクラシック音楽が流され、歌舞音曲が禁止された戦前の「国葬」を想起させるものとなりました。メディアのあり方、役割を考えるうえで、今後必要となると思われるので、振り返ってみることにします。

日本民間放送連盟（民放連）は、佐藤栄作内閣が吉田氏の「国葬」を閣議決定した67年10月23日、在京民放幹部が緊急会議を開きました。民放連の機関紙「民間放送」（11月3日付）の「国葬に際し自粛番組　各社申し合わせで自主的編成」と題した記事によると、▽国葬のもようをテレビ、ラジオとも中継する▽国葬の前後はこれにふさわしい番組を放送する▽その他の時間については国葬にふさわしくない番組はさけるという建て前で、各社自主的に措置する――という3点を申し合わせています。

実際、当日の報道は、民放テレビは共同取材で、神奈川県・大磯の吉田邸内外をＴＢＳ、沿道を東京12チャンネル（現テレビ東京）とNET（現テレビ朝日）、会場の武道館内外をフジテレビと日本テレビが分担して放送しました。新聞のテレビ番組表によると、NHK総合は午前7時20分に大磯町からリポートしたのを皮切りに、午後0時15分～午後5時10分まで、連続テレビ小説「旅路」や短編映画「空」などをはさんで「国葬」を中継。午後7時のニュースの後も特別番組「宰相吉田茂」や、NHK交響楽団特別演奏会、「座談会『明治のころと現代』（吉田茂氏の国葬によせて）」を午後10時半まで流しました。フジテレビは、「人間吉田茂」「吉田さんの想い出」「吉田さんの素顔」「宰相吉田茂ののこしたもの（戦後22年の歩みと日本の政界）」など最も多い特別番組を12本放送し、当日のCMをすべてカットしました。午前7時の吉田邸からの中継に始まり、ニュース、短編映画4本などを除いて午後11時まで終日、特別・関連番組を放送しました。特別番組の数は、日本テレビは「読売日響特別追悼演奏会」など6本、TBSは、おはよう・にっぽん「人間・吉田茂」など7本、NETは、「故吉田茂元首相をしのんで」など4本、東京12チャンネルは「吉田さんの素顔」など6本でした。

前出の「民間放送」（11月3日付）は、「民放各局はハデな番組はいっさい自粛」「申し合わせにしたがって国葬という国家的行事にふさわしい番組をきめ細かく自主的に編集した」と総括しています。

予定された放送態勢は

今回、民放連の遠藤龍之介会長は9月15日の定例会見で、安倍氏の「国葬」当日の中継や報道について、「各社に、民放連がこのようにすべきだと話すことはない」と説明。報道協力にも「素材の共有は一部あるかもしれないが、リレー方式で放送するとは聞いていない」とのべ、政府から歌舞音曲の自粛などの要請は受けていないとしました。

これは、「国葬」反対の世論が、どの調査でも6割を超えたことの一定の反映と考えられます。また、民放労連京都放送労働組合が、執行委員会で、「国葬」に反対する執行部声明をまとめ、会社側に▽「国葬」番組の特別編成はしない。「国葬」番組で安倍氏を美化・礼賛をしない。負の側面をきっちり伝える▽「国葬」に際し、職場での黙とうや弔旗の掲揚などKBS京都で働くすべての労働者に弔意の強制を行わない――などを申し入れ、会社側から申し入れ通りの回答を得るなど、放送労働者の働きかけもあったことは大きな意味を持っています。

ところが、テレビ各局は、どういう「放送態勢」をとるのか、各局ホームページの番組表で発表、話題となりました。安倍氏の「国葬」は午後2時から、東京・日本武道館でおこなわれ、松野博一官房長官の開式の辞、「国歌」演奏、黙とう、生前の姿の映写、岸田文雄首相の「追悼の辞」……と続く予定が発表されていました。午後1時45分から2時間枠の特別番組を組むのはフジテレビ。『国葬』を生中継。その死を悼むとともに功績や残した課題を考える」として、「岸田首相や菅前首相らが安倍氏に語りかける言葉は」「安倍元首相の『遺言』日米関係に残したものは?」「首相在任8年8ヵ月を支えた官僚たちは何を思う」などと報じる計画。一般献花台や各地の中継も交えます。NHKは、午後1時40分から同3時半に「ニュース『安倍元首相　国葬』関連」として放送予定です。テレビ朝日は「大下容子ワイドスクランブル　拡大SP」として、午前10時25分~午後3時48分まで、「国葬」生中継も含め放送します。「実施めぐり世論を二分したまま、一体どんな国葬になるのか?　政治家と旧統一協会の問題も浮かび上がらせた安倍元総理銃撃事件の捜査の現状は?」としています。テレビ東京は午後1時40分から5分間の「報道特番」で「安倍元総理の国葬直前の様子をお伝えします」としています。日本テレビとTBSは、午後1時55分からそれぞれレギュラー番組が記載されていました。

「国葬」間近の放送はどうだったか

9月27日の「国葬」が近づくと、兵庫や福岡、北海道からも警察が上京してきて、マンホールや皇居のお堀を潜水して調べる様子などを「『国葬』に厳戒態勢」と伝えたりします。25日のNHK「ニュース7」は、「国葬反対のデモにも警察官の姿が見られました」。「国葬」

前日、26日の「ニュース7」は、「弔問外交」の初日と、岸田首相が10人と会食したことを報道。「国葬」に反対するデモや市民グループの集会を紹介して、「『国葬』に反対する声があがっています。世論が分かれた中、厳戒態勢が続きます」。政治部記者が、NHKの世論調査で、政府の説明が「不十分」と答えている人が72％にのぼっているのに、「来月の臨時国会で説明責任が問われることになる」。同日の朝日系「報道ステーション」は、「国論二分したままの『国葬』」と反対、賛成の動きを紹介、会場の式壇は安倍氏の好きな富士山をイメージしたものだとか、午前11時に開場して、水分補給用のペットボトルが配布されるとか、どうでもいいような情報を伝えました。TBS系「news23」は、街の声を紹介。「若い世代では賛成が上回っている」としつつ、「国の税金を使って、そこまでするのかな」「国葬の充てる費用があれば、コロナで生活が苦しい人に給付金だとか、回せないか」「安倍元首相は評価するけど、税金かけてまでしてやることかな」などが注目されました。コメンテーターの星浩氏は、「岸田首相は中止するという判断はできなかったのか」という質問に、「2回タイミングはあった」としつつ、「（安倍氏と）同期という個人的思いを（「国葬」に）つなげてしまったのが、決定的な判断ミス」とのべました。日本系「news zero」は、「弔問外交どうなる？」とG7（主要7カ国）からは誰も参加せず、30人以上の首脳と会談する予定だと伝えただけでした。

このような報道姿勢では、日本ジャーナリスト会議が、「『国葬』にきっぱり反対の論陣を」と訴えていたように、メディアの責任を果たしているとはいえません。

安倍政治礼賛となった「国葬」

いよいよ「国葬」当日です。

各局とも午前からニュースや情報番組で、断続的に日本武道館周辺のものものしい警備状況や会場近くに設けられた一般献花台の訪れる人々の姿、中身のない「弔問外交」などの様子を報じました。午後2時からの「国葬」は、テレビ東京が予定通り、午後1時40分から5分間、「直前最新情報」と報じた以外は、NHK、民放各局とも「歴史的1日を完全中継」（日本テレビ）、「総力生中継」（TBS）などと放送しました。

政府映像も垂れ流され

具体的にみてみると、NHKは、総合テレビで、式典の開始前からニュース特番に入り、当初3時半までの予定を4時すぎまで延長しました。違いが際立ったのは、午後2時18分ごろから、政府制作の「憲政史上最長の3188日」と題した安倍氏の8分間の生前映像が会場で流れた場面。NHKとフジテレビは政府映像を放送しましたが、テレビ朝日と日本テレビはCMをはさみ、政府映像を小さな画面で流しながら報じました。政府がつくったものを、そのまま垂れ流すということは、ジャーナリズムのかけらもありません。

安倍氏の生前映像は、「正社員200万人増加」「労働基準法制70年ぶりの大改革」「地球儀を俯瞰する外交」などと、安倍氏の「業績」を賛美・礼賛する政治宣伝でした。中継にはさむ識者らのコメントが、アベノミクス、安保法制、特定秘密保護法、外交など安倍政治を礼賛する内容で、「国葬」とは何かという基本的な押さえや、憲法違反だという指摘はほとんどみられませんでした。とくにフジテレビは、当初2時間枠で予定していた特別番組を2時間早めて午前11時45分から放送。岸田首相の弔辞や「友人代表」としての菅義偉前首相の「追悼の辞」では、追悼文を事前に把握して、テロップ付きで紹介するという念の入れようでした。また「国葬」の総合司会を同局の現役アナウンサーが務めたことも異例な事態でした。

ちなみに菅前首相の「追悼の辞」は、「(安倍氏の)判断はいつも正しかった」「わが日本にとっての、真のリーダーでした」などと、自省も反省もないものでした。岸田首相は、「追悼の辞」で、安倍氏を「日本と世界の行く末を示す羅針盤として、この先も力を尽くしてくれるものと確信していた」「歴史はその(政権の)長さよりも達成した実績によって、あなたを記憶することでしょう」と歯の浮くような言葉を並べました。そして、安倍氏が進めた「戦後レジームからの脱却」や防衛庁の省への昇格、改憲手続き法の制定などをあげて「憲法改正に向けた大きな橋を架けた」と強調。安保法制＝戦争法や特定秘密保護法によって「わが国の安全はよりいっそう保てるようになった」とのべるなど、「戦争する国づくり」に向けた立憲主義破壊の悪法強行を礼賛しました。さらに、国民生活を破壊し、日本経済を長期にわたって低迷させてきた2度におよぶ消費税増税について、増税によって増える歳入で「保育費や学費を下げる途（みち）に用いる決断をした」と合理化。最後に、安倍氏が築いた土台の上に日本と世界をつくっていくと「安倍路線」の継承を誓いました。

テレビが二人の「追悼の辞」とともに垂れ流した責任は重大です。翌日の各局のワイドショーが「菅さんの弔辞に感動した」などと、その中身を検証せず、「国葬」の〝続編〟を流していたことも、安倍政治礼賛に手を貸していることに、無自覚といわざるをえません。

世論反映し「負の側面」の検証も

とはいえ、テレビ朝日が「どうなる統一協会との関係」として、「政府・自民党が関係を絶つことができるのだろうか」と疑問を投げかけたり、国会正門前での「国葬」抗議集会の模様を中継でリポートしました。日本テレビは、「検証・長期政権が遺したもの」という特集を組み、ＰＣＲ検査を増やさなかった新型コロナ対策、給与が上がらなかったアベノミクスなどとともに、「森友学園・桜を見る会」疑惑を取り上げ、「国会で事実と異なる答弁100回以上」などと「負の側面」を検証しました。TBSは、政府映像に、木村草太・東京都立大学教授（憲法学）の「安倍さんは立憲主義を軽視したと考える法律家は多い。そこは記憶しておくべきだ」とのコメントをかぶせました。

これらは、世論の反映であるともいえます。

一方、「国葬」には、NHKの森下俊三経営委員長、民放連の遠藤龍之介会長はじめ民放キー局トップのほか、「毎日」「読売」「産経」「日経」の各新聞社の会長・社長らが参列しました。報道機関としての見識が問わざるをえません。「国葬」を通して、権力監視の役割を持っているメディアのあり方が厳しく問われることになりました。

日本国憲法に反する式典内容

多くのメディアが垂れ流した一連の「国葬」には、時代錯誤がはなはだしかったことも指摘しておく必要があります。

安倍氏の遺骨は9月27日午後、海上自衛隊の儀杖隊（ぎじょうたい）に見送られ、東京・渋谷区の安倍氏の自宅を車で出発。遺族の意向で防衛省に立ち寄り、陸海空の制服組幹部が敬礼して出迎えました。会場の日本武道館に到着後、遺骨を抱えた妻昭恵氏らが入場する際、150ミリりゅう弾砲の空砲で弔意を表す「弔砲」を陸上自衛隊員が19発撃ちました。遺骨は昭恵氏から岸田首相を通じて儀杖隊員にわたり、式場中央の式壇に置かれました。白い制服をまとい、着剣した特別儀杖隊が整然と入場すると、参列者が黙とうをささげました。

この際、明治時代につくられた軍歌「国の鎮め」を陸自中央音楽隊が演奏しました。「御社」「神霊」という靖国神社や戦死者の霊という言葉が入った国家神道の歌です。さらに、天皇、皇后の使者の拝礼の際には、自衛隊音楽隊員が作曲した「悠遠なる皇御国（すめらみくに）」が奏でられました。「悠遠」というのは、アマテラスオオミカミ（天照大御神）に始まる皇統の古さを表す言葉で、国民主権や政務分離の原則を定めた日本国憲法に反するものです。

「国葬」強行　これで終わりにはできない

「国葬」が終わって、安倍氏の側近だった自民党の萩生田光一政調会長は、9月27日の会合で、「国民に『国葬』に取り組む政府の思いが上手に伝わらなかった」と〝反省〟の弁をのべました。岸田首相も9月29日、安倍氏の「国葬」をめぐる検証作業について、有識者から意見聴取する考えを明らかにしました。このなかで、国民から理解を得られる「国葬」に向けて「適切な金額や規模など今後の『国葬』のあり方について、国民各層の議論を踏まえ、必要な検討をおこなっていく」「国民からさまざまな意見、批判をいただいたことは真摯（しんし）に受け止め、今後に生かしていきたい」と話しました。

これは、「国葬」にいろんな問題があったことを自認するものですが、10月3日の臨時国会での所信表明演説では、「国葬」について具体的にふれませんでした。

「東京」9月28日付「社説」は、岸田首相がアベノミクスを事実上、継承していることや、歴代政権が否定してきた敵基地攻撃能力の保有に踏み切ろうとしていること、憲法にもとづく臨時国会の召集要求に応じない姿勢などをあげて、「『安倍政治』検証はつづく」としました。

共同通信が10月8、9両日に実施した全国電話世論調査では、安倍氏の「国葬」を「評価しない」「どちらかといえば評価しない」が計61・9％で、「評価する」「どちらかといえば評価する」が計36・9％でした。

「国葬」当日の夜、「改めて問う　国葬の意味　岸田総理の深謀と誤算」と題して特集したTBS系「報道特集」が、「『国葬』は日本の政治に何を残したのか」と取り上げ、ノンフィクション作家の保阪正康氏が述べたコメントに注目しました。保阪氏は、「国葬」反対が多数にのぼったことにふれ、「『国葬』自体が国民の政治教育、政治の一つの大きな試練の場となっている。そして国民自身が政治的意識をもたないといけないという自覚を促している。時代の変革につながるものを含んでいる」。

岸田首相は、「『国葬』を強行してしまえば、すんだことになる」と高をくっていたのかもしれません。しかし、「国葬」が憲法違反であることは絶対に曖昧にしてはならないことです。10月20日の参院予算委員会で日本共産党の山添拓議員が「国葬」を閣議決定だけで強行したことに抗議し、反省を求めたのに対し、岸田首相は「憲法の精神に反するものがあるから（国葬令を）廃止した」と認めざるを得ませんでした。

メディアが権力監視の機能をはたしているのか、注視していくとともに、「国葬」強行によって、安倍政治を礼賛し、安倍政治を国民に押しつける企ても断固、拒否するたたかいが求められています。

（『前衛』２０２２年12月号）

II

安倍首相のメディア選別

安倍首相がメディアを選別して、みずからの主張を発信するケースが目立っています。憲法9条に自衛隊を明記する改憲をおこない、2020年に施行すると宣言したのは、読売新聞3日付のインタビューでした。

15日には、BSジャパンと日経CNBCの共同インタビューに応じ、同日夜の番組で、改憲の是非を問う国民投票を国政選挙と同時実施する可能性について言及しました。

少しさかのぼると、15年7月、安保法制（戦争法）の審議中に国民から反対の声が広がったときも特定のメディアに登場しました。憲法9条をじゅうりんし、日本を「海外で戦争する国」に作り変えようとする同法案が衆院を通過した後、首相は、BS日テレとフジテレビに長時間出演し、政府の考え方を説明したのです。

ことし2月には、米トランプ大統領との首脳会談を終え、帰国した首相は、BSフジに続いて、NHKの「ニュースウオッチ9」に生出演。NHKでは、日米同盟の強化など、訪米の〝成果〟について独演しました。

こうした一連のやり方の問題点は、首相が一方的にみずからのメッセージを表明し、批判的な質問を受けずに済む方法を選んでいることです。

たとえば、「読売」3日付の政治部長インタビューは、「憲法施行70年を迎えた。改めて憲法改正にかける思いを」という質問から始まっています。首相に言いたいことを言わせるもので、報道機関として期待される権力監視の役割はどこへやら、政権に協力し、一体化さえしていると言わざるをえません。

ちなみに、首相の動静欄によると、「読売」の単独インタビューが行われたのは4月26日で、その2日前には、渡辺恒雄読売新聞グループ本社主筆が首相と東京・飯田橋のホテル内の日本料理店で会食していました。

（レーダー　2017年5月19日）

都議選報道これでいいのか

東京都議選の投票日（7月2日）が迫ってきました。世論調査によると、投票先を「まだ決めていない」と答えた有権者が57％にものぼっていました（「毎日」26日付）。メディアの都議選報道は、有権者の判断に資するものになっているのでしょうか。

告示日（23日）にテレビは、「小池知事率いる都民ファーストが過半数を制するか、小池知事と対決姿勢を強める自民党が第一党を維持するかが焦点」（ＮＨＫ）、「自民対都民ファーストの構図が鮮明に」（ＴＢＳ系）などと報じました。

残念ながら、多くの選挙報道が、いまだに「自民か、都民ファーストか」といった二者択一的な描き方にとどまっています。

首都東京の都議選は、これまでも国政に大きな影響を与えてきました。とりわけ、今回は安倍首相によって行政をゆがめられた疑惑が浮き彫りになっている「加計学園」問題、憲法違反の「共謀罪」法の強行、９条に自衛隊を明記する安倍改憲などが、大問題になっているなかでの選挙です。

メディアは、各党がこうした問題に、どういう姿勢で臨んでいるかを、報道すべきではないでしょうか。

暴走を続ける自民党総裁の安倍首相は、街頭で訴えることすらできず、都民ファースト代表の小池知事は、加計問題にふれることはあるものの、安倍首相を直接批判することはありません。国政で自民と結び、都議選では都民ファーストと協力する公明党の山口那津男代表は、「国政（のこと）は国政で議論すればいい」。

NHKは各党党首の演説の一部を羅列して流すだけでなく、事実確認、いわゆるファクトチェックして報道すべきです。

小池知事は告示直前、市場問題で新方針を発表しました。この問題をはじめとした、これまでの都政と、各党の対応の検証も必要です。

（レーダー　2017年6月30日）

選挙報道で問われるテレビの重い責任

テレビ各局の朝の情報番組やお昼のワイドショーは、総選挙直後、「小池代表の求心力大丈夫？」とか、「進次郎氏　総理への道」などと、相も変わらぬ〝政治報道〟が目立ちました。

そんな時、テレビの選挙報道に触れた二つの新聞記事が目にとまりました。

一つは、TBS報道記者の金平茂紀さんの「週刊テレビ評」（「毎日」10月27日付夕刊）。各局の開票特番が、「不倫議員や暴言議員、人寄せパンダのイケメン議員の密着VTRのオンパレード」「もう選挙報道というよりは、キャラ立ちエンターテインメントショーだ」と視聴率ほしさだったことを指摘。「そろそろ僕らは投票後のあとの祭り＝開票特番にエネルギーを注ぐことから、投票前の選挙報道にもっとシフトした方がよいのではないか」と、「有権者に判断材料を提供する責任」を強調していました。胸にストンと落ちました。

もう一つは、「どこへいった『政治的公平性』　一部テレビの選挙報道」と題した「産経」10月31日付の記事。

開票日夜の特番での、後藤謙次氏（テレビ朝日）、星浩氏（ＴＢＳ）らの発言をとりあげ、「ことさらに『敵失』を強調し、民意が安倍晋三首相にＮＯを突きつけたかのように解説」「政権批判を展開した」などと決めつけ、首相批判は許さないといわんばかり。さらに、「放送倫理・番組向上機構（ＢＰＯ）が2月に公表した意見書が恣意（しい）的な報道を後押しした可能性は否めない」とＢＰＯに難くせをつけていました。

しかし、ＢＰＯ意見書は、選挙に関する報道と評論に「量的公平」を求めているのではなく、どの政党、候補者についても、「取材で知り得た事実を偏りなく報道し、明確な論拠に基づく評論をするという姿勢」（質的公平）を求めているのです。

まさにテレビには、「臆せず報道する重い責任」があるのです。

ちなみに開票日翌日の夜、産経新聞社相談役は、「読売」「共同」「日経」の幹部とともに東京・大手町の読売新聞本社ビルで安倍首相と会食しています。権力との距離が問われています。

（レーダー　２０１７年11月４日）

安倍首相が選別出演するワケ

安倍晋三首相がまたも「メディアの選別」をおこないました。16日、東京・東新橋の日本テレビに出向き、読売テレビ制作の報道番組「ウェークアップ!ぷらす」(日本系)に午前8時13分から約50分生出演したのです。

「米朝首脳会談後の拉致問題解決への決意と道筋」について、辛坊治郎キャスターが「すべて聞く」というふれこみ。しかし、辛坊氏の質問は、「(共同声明に)軽いめまいと頭痛がした。北朝鮮に配慮した声明では」「(トランプ大統領の)米韓合同軍事演習の中止発言には、驚いたのではないか」というもの。対話による平和的解決へのレールを敷いた歴史的意義を持った首脳会談だったのに、こうした認識には驚くばかりです。

首相が、この番組を選んで出演した理由がわかったのは、この後の「国内政治に目を移す」とした部分。前日、自民、公明両党と日本維新の会が衆院内閣委員会で強行採決したカジノ実施法案や、会期を延長してまで成立を狙っている「働かせ方大改悪」法案への辛坊氏の言及はまったくありません。首相をめぐる「森友・加計」疑惑については、街頭のきびしい声を紹介しながらも、みずからは、首相にただすことはなく弁明を聞くだけ。「責任をとって辞めた方がいいと思ったことはないか」と質問し、「それはない」とかわされる始末でした。はては、「総裁選出馬はいつごろ判断するのか」「あと3年やった後は禅譲を考えているのか」。首相は、「セミの声が相当にぎやかになってきたころに」「あまりに先の話」と、満面の笑みで答えました。安心して生出演できるわけです。首相が耳を傾けるのはセミではなく、民の声ではないのか。権力監視が役割であるメディアとしての見識、存在価値が問われています。

（レーダー　2018年6月22日）

違法捜査肯定、見過ごせない

フジ系で、刑事ドラマ「絶対零度～未然犯罪潜入捜査」がスタートしました。井沢範人（沢村一樹）率いる〝未然犯罪捜査チーム＝ミハン〟の活躍を描くというものです。視聴率は〝好調〟のようですが、見逃せない内容があります。

表向き「総務部資料課分室」のミハンには、特別捜査官・東堂定春（伊藤淳史）が中心となって秘密裏に進める重大なプロジェクトが託されています。日本国民のあらゆる個人情報を解析、過去15年分の犯罪記録と照合し、ＡＩ（人工知能）が重大犯罪を犯す可能性が高い危険人物を割り出し、未然に犯罪を防ぐという〝ミハンシステム〟の実用化です。

第1話では、そのために、盗聴、盗撮、ハッキング、ＧＰＳ（全地球測位システム）、プライバシーの侵害、不法侵入など、違法捜査の連発です。第2話は、政治家をめざす元最高裁長官への復讐を図ろうとした〝危険人物〟の犯罪を未然に防ぎましたが、その過程で不法侵入、尾行、通信記録や保険記録の入手など、相変わらずです。こうした違法捜査が、実際に行われているとしたら慄然とさせられます。

本来、刑事司法は、すでに起きた犯罪を処罰対象とするのが基本原則です。しかし、安倍自公政権は、特定秘密保護法や通信傍受法の強化など、捜査当局が恣意的に使える〝武器〟を次々と与え、国民を日常的に監視する「共謀罪」法も成立させました。

企画の稲葉直人氏（フジテレビ第一制作室）が、同局のホームページで、「このような捜査は近い将来、いやもしかしたら、このドラマのようにもうすでに始まっているかもしれません」といっているとおりです。

しかし、稲葉氏自身、「マイナンバー制度や通信傍受法の改正など、昨今の日本では国家組織が国民の情報を管理するようになり、賛否が問われています」というように監視社会の強化には、国民の大きな批判と不安があります。

第2話で、ミハン捜査員が「司法の番人が裁かれることなく、政治家になるとは世も末だ」と嘆く場面もあり、ドラマのできは悪くない。でも、犯罪の未然防止を掲げれば、警察は何をやってもいいと肯定的に描き、そうした空気をつくることに手を貸していいのか、視聴率を稼げればいいのか――。これからの展開を注視していきたい。

（レーダー　2018年7月19日）

「戦争への道歩むべきでない」胸に響く野中広務氏の遺言

NHKテレビで15日に放送された「目撃！にっぽん」は、「野中広務の遺言～追い求め続けた〝真実一路〟とは」でした。ことし1月、92歳で亡くなった自民党元幹事長・野中広務氏の生涯を関係者の証言と未公開の音声記録でたどりました。

野中氏が、自衛隊の海外派遣に反対してきたことや、晩年まで沖縄に通い続け、米軍基地の負担にあえぐ沖縄県民に心を寄せ続けてきたことはよく知られています。番組では、こうした原点に、19歳で徴兵された戦争体験があることが紹介されました。亡くなる半年前の昨年7月、久しぶりに公の場に姿を見せた野中氏が、「憲法改正」について聞かれ、答えた中身は胸に響くものでした。

「私個人は、憲法改正は反対です。私みたいに戦争に行って、戦争で死なないで帰ってきた人間はね、再び戦争になるような道は歩むべきでない。これが私の信念です」

番組には、自民党元幹事長の古賀誠氏も登場。沖縄「慰霊の日」である今年6月23日、稲嶺恵一元沖縄県知事とともに、野中氏ゆかりの場でもあり、普天間基地が見渡せる高台にのぼり、「(基地が) 本当にあってはならないところにあるんですね」と語りました。

沖縄県民の民意を踏みにじり、新基地建設に暴走する安倍首相。4月に行われた野中氏をしのぶ会では弔辞をのべましたが、同じ党の先輩から何を学んだのでしょうか――。

(ちょっといわせて 2018年7月25日)

自衛隊PR番組でいいのか

テレビ東京「日曜ビッグバラエティ」は11日、「超スゴ自衛隊の裏側全部見せます!」と題して、航空自衛隊のアクロバット飛行チームや、自衛隊看護師を目指す学生たちを取り上げました。しかし、安倍政権のもとで、アメリカが起こす戦争に、自衛隊が世界中に切れ目なく、参戦する道を突き進もうとしているなか、無批判な紹介の仕方が気になりました。

たとえば、ことし3月、陸上自衛隊に新設されたばかりの相浦駐屯地（長崎県佐世保市）を拠点とする「水陸機動団」。番組では、「２０００人の精鋭、最強のエリート集団」などとして、激しい訓練の模様を伝えました。

しかし、同機動団の主要任務は、中国による沖縄・尖閣諸島の占領や南西諸島への侵攻を想定し、島しょ部での「上陸、奪回、確保」を行う「水陸両用作戦」です。米海兵隊と共同訓練を繰り返し、「日本版海兵隊」とも呼ばれ、地元佐世保市では、「自衛隊員を戦場に送るな」「紛争は外交で解決しよう」と抗議の声が上がっています。

元自民党衆院議員のタレント、杉村太蔵氏は、陸上自衛隊の最新戦闘車両「16式機動戦闘車」に搭乗、実弾射撃訓練をリポート。「こうした訓練があるから他国からの侵略を許さない」と得意げにのべました。

番組は、最後に出演者が「変わりましたね、イメージ」「興味わきました」などとしめくくりました。

最近、東シナ海で行われた自衛隊と米軍との共同演習にＮＨＫ、民放が〝従軍〟取材し、放送しました。

歴史的な米朝首脳会談がおこなわれるなど、朝鮮半島で対立から対話への歴史的転換が開始されたいま、やたら「脅威」をあおる自衛隊のPR番組でいいのか——。メディアにとって安易なタイアップは危険です。

（レーダー　2018年11月21日）

おかしいぞNHK報道　安倍政権「翼賛」に批判の声

テレビのニュース報道がつまらない、という指摘をよく聞きます。とりわけ、NHKの安倍政権「翼賛」報道ぶりには、読者からも厳しい批判の声があがっています。

たとえば、沖縄の米軍新基地建設問題。「県民に寄り添う」といいながら、強行している辺野古への新基地建設問題の報道です。

昨年12月12日の「クローズアップ現代＋」を「辺野古の問題が取り上げられるとの番組予告があったので期待して見た」という奈良市の阿波角整治さん（78）は、「まったくの〝アベ広報〟だった」と怒ります。

「デニー知事の知事選当時の姿を映しただけで何の話もさせなかった。しかし、現・元防衛大臣の話は何度も流した。森本（敏）元大臣の〝国と国との話で決定したことだからまったく変更できない〟というのを、そのまま放送しただけ」

国民の視点ない

今年、最大の争点になっている10月からの消費税10％への大増税についても、こんな声が寄せられています。岡山県の江木基夫さん（79）です。

「ＮＨＫでは、すでに消費税増税が決まったかのような解説が多い。政府の代弁者のようで、国民がそれをどう受け止めているか、そういう視点での解説をしない。あまりに一方的で、多くの国民が反対していることを報道すべきである」

どうして、ＮＨＫの報道は、こうなるのか。注目されるのは、元ＮＨＫ大阪報道局記者、相澤冬樹さんの告発です。

相澤さんによると、財務省近畿財務局が森友学園側に国有地を格安で売却する際、事前に「いくらまでなら支払えるのか」と聞き出していたというスクープを２０１７年７月、「ニュース７」で報じると、東京の報道局長が「私は聞いてない。なぜ出したんだ！」と大阪の報道部長の携帯に電話をかけてきたというのです。

相澤さんは、「政権にとって都合の悪いニュースにはブレーキをかけるという構図がはっきり見えてきました」と、「しんぶん赤旗」日曜版（昨年12月16日号）のインタビューで語っています。

幹部「伝えるな」

この東京の報道局長に関する内部告発と思われる文書が、昨年3月26日、日本共産党の山下芳生参院議員のもとに届き、同議員は同29日の参院総務委員会で取り上げたことがあります。「ニュース7」「ニュースウオッチ9」「おはよう日本」などのニュース番組の編集責任者に対し、NHK幹部が、森友問題の伝え方について、「トップニュースで伝えるな」「トップでも仕方がないが放送尺は3分半以内に」「（安倍首相夫人の）昭恵さんの映像は使うな」などと細かく指示していたという生々しい内容でした。

山下氏は、「政権からの圧力を忖度（そんたく）するようなことが、NHKで常態化しているというリアルな告発」とただしましたが、上田良一会長は「公平公正、自主自律を貫いている」という一般論を述べるだけでした。

NHKには、問題の核心に踏みこみ、「権力の監視」という公共放送の使命を果たす姿勢が求められています。

（2019年1月10日）

「武器としての言葉」で対抗を

「あそこ（辺野古）のサンゴは移している」といった安倍首相のうそが新年早々飛び出したように、政権中枢の政治家の言葉の軽さが問題になっています。1月26日、BS-TBSで放送されたドキュメントJ「記憶する歌～科学者が詠う三十一文字の世界」は、そういう意味で、言葉について考えさせるものとなりました。

「ここ数年、社会の土台ともいえる言葉の力が奪われつつあるという危機感を抱くようになった」という、京都に住む細胞生物学者で歌人の永田和宏さん（71）に密着した番組でした。毎日放送制作で、昨年8月に放送されました。

妻は歌人の河野裕子さん。夫婦で歌を詠んできましたが、8年前、人生の伴侶、裕子さんを失い、孤独感を深めていた永田さんが、社会のありようを詠うようになったのは、2015年9月、集団的自衛権の行使を容認する安保法制（戦争法）を強行可決したとき。

「戦後七〇年いまがもっとも危ふいと私は思うがあなたはどうか」

永田さんは、初めて東京・新宿の街頭に立ち、「われわれは、この戦争法案に賛成した人をけっして忘れない。一人も当選させないという意思表示をすることが大事だと思う」と訴えたのです。

18年6月23日、「沖縄慰霊の日」。永田さんは、京都の大学で「劣化する言葉」をテーマに講演、政治の世界で、言葉が極端にねじまげられていることに、警鐘を鳴らしました。

「不時着と言ひ替へられて海さむし言葉の危機が時代の危機だ」

16年12月、米軍のオスプレイが沖縄の海に墜落したのに「不時着」と言い換えたことです。「言葉に対する不感症があると思う」という永田さん。「1回目は、強く反応するが、二度三度と聞かされているうちに、何とも思わなくなってしまう。これは怖いと思う」「言葉こそが民主主義の根幹。民衆は武器としての言葉を持っている」と指摘します。

「馴(な)らされてゆく言葉こそが怖しい初めは誰もが警戒するが」

菅義偉官房長官は、政府の見解を問われ、ことあるごとに「問題ない」と、ひとごとのように答えます。ならされず、あきらめず、「武器としての言葉」で対抗していかなくては、と強く思った番組でした。

（レーダー　2019年2月11日）

「維新」究極の党利党略

大阪維新の会の松井一郎府知事と吉村洋文大阪市長が職務を投げ出して行われることになった大阪府知事選、大阪市長選の「入れ替えダブル選挙」に、批判の声があがっています。10日のTBS系「サンデーモーニング」でも、この話題が取り上げられました。

番組は、「大阪都」構想を実現するために、松井、吉村両氏が新たに4年の任期を得ようとしていることを紹介。司会の関口宏氏は、「こんな手があるんだなあと思った」とのべ、コメンテーターの目加田説子・中央大学教授に意見を求めました。

「権力の私物化でなくて何だろうと思う」と応じた目加田氏は、吉村市長が「人生悔いのないようにやりたい心境」と語っていることにふれ、「そういわれれば、もはや府知事とか、市長の地位というのは、自分たちがやりたいことをやるための手段にすぎないのかという思いがします」ときっぱり。

維新は、「大阪都」構想が行き詰まると選挙を繰り返してきました。2011年11月には、橋下徹府知事が大阪市長選にくら替え出馬するダブル選挙を実施し、14年3月には出直し市長選に打って出ました。しかし、「大阪都」構想は、15年5月の住民投票で否決されています。「(松井氏らの)〝もう一度、民意を聞きたい〟というのは、思い通りになるまで、何度でもやりますよ、というふうにしか聞こえない」。目加田氏の指摘には納得です。

自分たちの目的達成のために、選挙をもてあそぶ究極の党利党略にストップをかけるチャンスです。

(ちょっといわせて　2019年3月13日)

「令和」を政治利用

東京・練馬区の自民党練馬総支部が「祝　令和　自民党」というポスターを区内に張り出して、問題になっていますが、メディアに次々登場するなど、新元号を最大限、政治利用しているのは安倍首相です。

新元号「令和」が発表された1日、安倍首相は、菅義偉官房長官に続いて、正午すぎから会見に臨み、首相談話を読み上げました。「平成」のとき、小渕恵三官房長官が竹下登首相の談話も読み上げたのと、大違いです。

みずから表舞台に出たことについて、首相は「重大な発表なので、私自身が国民に向かって説明すべきだと判断した」と説明。17分間にもおよんだ会見では、「働き方改革」や「一億総活躍社会」にふれるなど、さながら所信表明演説です。ＳＭＡＰのヒット曲「世界に一つだけの花」まで持ち出して、統一地方選前半戦さなかの政治宣伝の場としました。

メディアの選別は相変わらず。午後3時すぎからは、日本テレビの報道番組の収録、産経新聞のインタビューに応じ、夕方から夜にかけてはテレビ朝日、ＮＨＫには生出演し、露出を重ねました。

首相が繰り返したのは、「国書」から選んだということと、「令和」は「新鮮で明るい時代につながる」ということ。森友・加計問題など〝都合の悪いことは忘れて〟とでもいいたいのでしょうか――。

「産経」2日付では、「今後50年、１００年、さらには千年と元号が時を刻み、日本が大切にしなければならない元号制度を維持していくことができる」などとのべました。国民主権の原則になじまない元号制度の押し付けを公言しました。

当日、「歴史的決定を行ったこの方に来ていただきました」（ＮＨＫ「ニュースウオッチ９」）、「令和何年まで国を引っ張りたいですか」（日本テレビ「ｎｅｗｓ　ｚｅｒｏ」）などと、無批判に首相の政治利用に手を貸したメディアの姿勢も問われます。「即位・退位」の代替わりも控えているだけに、その政治利用には、きびしい監視の目が必要です。

（レーダー　2019年4月20日）

安倍「私設応援団」

安倍首相の側近、自民党の萩生田光一幹事長代行が18日、消費税10％への引き上げ延期に言及したことが波紋を呼んでいます。

この発言、じつはDHCテレビのネット番組「真相深入り！　虎ノ門ニュース」でおこなわれたもの。「沖縄の2紙はつぶさなあかん」と公言する作家の百田尚樹氏らが出演する番組で、沖縄や在日の人たちへのデマやヘイト（差別扇動）を繰り返したり、話題のニュースを安倍政権擁護、応援の立場で報じ続けています。

そうした気安さからか、萩生田氏は、番組内で「ワイルドな憲法審査を自民党は進めていかなければならない」とも発言しました。昨年9月には、総裁選告示直前に首相公邸で収録、安倍首相が出演、改憲を訴えたこともあります。

当日、進行役の有本香氏は、スタジオに入ってくる萩生田氏を笑顔で迎え、萩生田氏が同番組に出演したのは5回目だと紹介。本題に入る前に、「そういえば」と、安倍首相主催で13日に東京・新宿御苑で開かれた「桜を見る会」に、「私たち、みんなで、一個小隊でまいりました」と招待されたことを〝自慢〟しました。萩生田氏は、「芸能人がいて、最後に、妙に濃い人たちがいて、なんで集まっているのかと思ったら、虎ノ門チームだった」と振り返ります。

実際、「桜を見る会」には、百田氏、有本氏はじめ、萩生田氏が〝虎ノ門チーム〟と命名したタレントのケント・ギルバート氏、経済評論家の上念司氏、作家の竹田恒泰氏らがズラリと参加しました。

有本氏は、「総理から、『みなさんがいちばん左にいるというのも面白い』といわれた」というと、萩生田氏は、「そしたら竹田さんが、『こちらから見たら一番右だ』といった」と応じ、虎ノ門チームと安倍首相との親密さを再現してみせました。

「桜を見る会」は、各界で功績や功労があった人たちをねぎらおうと歴代首相が税金で開いてきたもの。私設応援団を「招待」するのは、あまりにも政治利用がひどいのでは……。

（レーダー　2019年4月26日）

トランプ大統領来日報道　政権〝政治ショー〟に手を貸したメディア

「血税でナイスショットにハッケヨイ」。25日付「朝日」の川柳欄ですが、トランプ米大統領が国賓として来日、安倍首相とゴルフ、大相撲観戦、炉端焼き――と日米首脳の親密ぶりを、これでもかと伝えた各メディア。トランプ大統領来日を参院選に向けた〝外交ショー〟として最大限利用したい安倍首相の思惑に手を貸した格好です。

ＮＨＫの異常さ

27日午前、トランプ大統領夫妻と天皇夫妻との会見はじめ各行事をどのテレビ局も一斉に生中継するなか、やはり異常さが目立ったのは、ＮＨＫです。

25日午後5時すぎ、トランプ大統領が羽田空港に到着すると、大相撲中継に割り込んで速報したのをはじめ、26日のゴルフ場や炉端焼き店への移動をその都度、上空からの映像を含め生中継する熱の入れようです。27日の「ニュース7」は、予定していた「ファミリーヒストリー」を吹っ飛ばして、時間枠を拡大、「宮中晩さん会」などを中継しました。

その一方で、肝心なことは伝わりません。トランプ大統領が、ゴルフ場での昼食後のツイッターで、「日本との貿易交渉で大きな進展が得られつつある」としたことや、炉端焼き店での夕食会の冒頭、「貿易や軍事など、さまざまなことを話した。とても生産的な一日だった」と語ったことについて、その持つ意味について、深く解説した報道はみられませんでした。

言い分だけ紹介

たとえば、NHKの岩田明子解説委員は、26日の「ニュース7」や27日のお昼のニュースなどに何度も登場、「親密な関係のアピールになったようだ」「安倍首相は、日米の絆は強固であることを示したいと言っていた」などと、安倍政権の言い分を伝えるだけでした。

一方、26日のTBS系「サンデーモーニング」では、ジャーナリストの青木理氏が、升席の買い占めとか、「常軌を逸しているのではないか」とのべ、武器の爆買いとかに「目を向けないといけないのではないか」と指摘。政治学者の白井聡さんが「アメリカの属国だよねと見られている限り、日本の存在が重く見られることは決してないでしょう」とのべたことには注目したい。

トランプ来日を参院選への政治利用の場としたい安倍首相の思惑は明々白々なのに、それを無批判に垂れ流すメディアの姿勢、あり方が問われました。

（レーダー　2019年5月28日）

政権批判にも踏み込む貴重な番組、姿消す

政権批判にも踏み込んだ内容が注目を集めてきた「上田晋也のサタデージャーナル」(TBS系　土　前5・30)が6月29日の放送で幕を閉じました。

同番組はお笑いコンビ「くりぃむしちゅー」の上田晋也氏がキャスターを務め、2017年4月にスタート。ジャーナリストの龍崎孝氏(TBS元解説委員)やゲストと、ニュースの背景について話し合い、解説してきました。

初回のテーマが「森友学園問題」。以後、18年7月の「西日本豪雨」の夜に安倍首相を含む自民党議員が懇親会を開いていた問題や、沖縄・辺野古の埋め立て問題など、政権にとって〝不都合〟な問題を取り上げてきました。

最近も、6月15日の放送で、「都合の悪いものはなかったことに? 政権の変わらぬ体質」と、イージス・アショア配備に関するずさんな調査と、金融庁の「2000万円報告書」を扱いました。

「なぜ忖度は止まらない?」をテーマにした最終回では、森友・加計問題を回顧。前川喜

平元文部科学事務次官が取材に応じ、「官邸官僚と言われる人たちが安倍政権を支えている」と指摘。ゲストの片山善博元総務相は、予算委員会を開かず、いろんな問題について議論は終わったとしてしまう政権の姿勢にふれ、「権力は、（国民が）納得できるようにちゃんと説明しないといけない」と強調しました。

約2年3ヵ月、議論の様子をホワイトボードに板書してきた古谷有美アナウンサーは、「一番書いた言葉は『安倍総理』と『国民』だった」とし、「安倍首相と国民の間に、すごく遠い距離を感じることがあった。なんだか不思議な気持ちでいつも板書していた」と振り返りました。

最後に上田氏。「いつも当たり前のことを言ってきたつもりだが、その当たり前のことを言いづらい世になりつつあるのではと危惧する部分もある。それは健全な世の中とは言えないのでは」と提起。「政治、世の中を変えるのは政治家だとは思っていない。変えるのは、われわれ一人ひとりの意識だと思う」としめくくりました。

健全な世の中にするためにも、政治をしっかりと監視する役割が放送にはあるのでは――。貴重な番組が姿を消すことは残念なことです。

（レーダー　2019年7月3日）

参院選の低投票率とメディア

参院選の投票率は、48・80％と5割を切り、1995年の44・52％に次ぐ、2番目の低さとなりました。

原因はいろいろ考えられますが、メディアの責任はきわめて大きいと言わざるを得ません。6年半に及ぶ安倍政権の〝実績〟評価や年金、消費税増税、改憲など選挙の争点を、国民、有権者の判断に資するよう多角的に提示したとは言えないからです。

脳科学者の茂木健一郎さんは、ツイッターで、低投票率について、21日、「選挙期間中、政策論争や、候補者の人となりとを、多角的に分析し、質、量ともに充実したニュースとして報道してこなかったNHK、民放は何を思う？　少なくとも一部分は自分たちのせいだと恥じ入らないのか」とツイートしました。

NHKが、選挙が終わった瞬間に「選挙を受けて、憲法改正が政治日程として……」と突然報じ始めたことについても、茂木さんは23日にツイート。「憲法改正の是非などについてニュースのなかで分析、報道していた記憶がないんだけど、どういうことなんだろう？　メディアとして、全く終わっていると言わざるを得ない。国営放送の政府広報でしかない」と鋭く指摘しました。

一方、闇営業に端を発した吉本興業の問題に割く時間の長さに対し、同時に行われていた参院選の「報道のあり方」にみずから疑問を投げかけたキャスターもいます。

朝の報道番組「あさチャン！」（ＴＢＳ系）の夏目三久アナウンサーです。24日、18～19歳の投票率が31％余りで、前回より14ポイントも低かったことを「由々しき事態」だとして、「日本の未来を背負う子どもたちが政治に関心を失っているというのは、大いに私たちの報道の仕方に問題があると思っていますし、私もこの後、スタッフとしっかり話していきたい」とのべました。

こうした発言をきっかけに報道が変わることを期待したいものです。

しかし、選挙が終わるや否や、ＮＨＫ、日本テレビ、テレビ東京、「朝日」、「毎日」、「読売」などのメディア幹部は23日夜、東京・赤坂のイタリア料理店で安倍首相と約2時間、会食しています。杯を傾けながら何を語ったのか――。権力とメディアの癒着は続いています。

（レーダー　２０１９年7月27日）

ご意見拝聴の生放送

せっかくの生出演が、ただのご意見拝聴では、もったいないのでは――。菅義偉官房長官が、8日の朝日系「サンデーLIVE!!」に生出演しました。テレビ朝日政治部長も出席、キャスターの東山紀之が、「聞きたいことはいっぱいある」という触れ込み。ところが、菅氏を「令和おじさん」と紹介したり、小泉進次郎衆院議員の「結婚報告の舞台裏」や、「小泉氏の入閣は」など、いま聞くべきことなのかと首をかしげることばかり。

10月に控えた消費税10％増税の問題では、街の「大変だ」という声を紹介するものの、「5％から8％にしたときの反省を踏まえ、さまざまな対策を講じている」「(税率を上げて、いただいた分は）ほぼ全部還元させてもらう」という菅氏の言いたい放題です。

「日韓問題の行方は？」でも、菅氏は、「なぜ、こんなにこじれてきたのか。すべて韓国に責任がある」「1965年の日韓請求権協定で最終的に解決している」と韓国政府の対応批判に終始しました。「ちゃんと話し合うパイプを持っているのか」という質問はありましたが、「(韓国は）条約の基本を踏みはずしてきている」などと、かわされて終わり。追及の甘さが目立ちました。

菅氏といえば、安保法制をテーマにＮＨＫの「クローズアップ現代」に出演した際（２０１４年）、国谷裕子キャスターの鋭い質問にたじたじとなった経験があります。後に国谷氏降板の呼び水となりました。それを恐れてか、「ポスト安倍」と持ち上げていてはメディアの責任を果たしているとはいえません。

（レーダー　２０１９年9月12日）

番組への介入なのに

かんぽ生命保険の不正販売を報道したＮＨＫの「クローズアップ現代＋」をめぐり、日本郵政グループがＮＨＫに介入した問題は、放送の自主・自律など重大な問題をはらんでいるにもかかわらず、民放テレビが、ほとんど取り上げないことが気になります。

こうしたなか、４日放送のフジ系「とくダネ！」は、日本郵政の鈴木康雄上級副社長（元総務事務次官）が、ＮＨＫについて「まるで暴力団と一緒だ」と語ったことを特集しました。この発言は、かんぽ生命保険の不正販売に関する野党合同ヒアリングに出席後、記者団に「殴

 っておいて、これ以上、殴ってほしくないならやめたるわ。俺の言うことを聞けって、バカじゃねぇの」とＮＨＫの取材姿勢に不満を表明したもの。

小倉智昭キャスターは、「なんで鈴木副社長が野党合同ヒアリングにいるのかっていうと、かんぽの不祥事があったからじゃないですか。それをすっかり忘れてしまっているのかなと思わず思いましたけどね」と、鈴木氏の暴言を批判しました。

日本郵政の圧力に、ＮＨＫ経営委員会（委員長・石原進ＪＲ九州相談役）と上田良一会長が応じ、「クロ現＋」の続編が遅れ、結果としてかんぽの被害が拡大してしまったことへの、反省が日本郵政にはありません。小倉氏の批判は当然です。

６日放送のＴＢＳ系「サンデーモーニング」では、コメンテーターの松原耕二氏（元ＴＢＳ記者）が、経営委が会長に「厳重注意」したこと、経営委の議事録に載せていないこと、元総務事務次官がＮＨＫに〝にらみ〟をきかせたことを指摘。「経営委員長や会長は、報道機関のトップとしての仕事を分かっているのか。〝政府が右と言えば、左とは言えない〟という人（籾井勝人前会長）もいたが、政権に近い人を送り込んできたことが（問題の背景に）ある」と本質をつきました。

松原氏は、「現場は頑張った。（引き続き）視聴者に向かって、いい仕事をしてほしい」と制作現場にエールを送りましたが、残念なのは、週間ニュースを振り返るコーナーの一コマだったこと。

戦前の深刻な反省から、放送法は、経営委が個別番組の編集に介入・干渉することを禁じています。メディアは、番組制作者への露骨な介入が行われた今回の問題をみずからの問題として重視してほしいものです。

（レーダー　２０１９年10月10日）

テレビは思考停止　「即位の礼」異様な報道

天皇の「即位の礼」関係の諸儀式が行われた22日、テレビは「歴史の瞬間を完全中継」「伝統の儀式を徹底解説」などと、ＮＨＫはじめ民放各局が生中継をまじえ、長々と放送しました。そこには、憲法が定める国民主権や政教分離原則に反するという問題点への考慮はなく、思考停止ぶりが浮き彫りになりました。

４月の新元号報道の際もそうでしたが、今回も各局横並び。朝から「まもなく皇居へ」などと皇后、天皇が赤坂御所からそれぞれ車で皇居へ向かう様子を中継。雨の中、「窓をお開けになられていますね」と微に入り細に入り報道します。

「即位の礼まで○分○秒」などと、儀式が始まるまでも「まるで絵巻！　十二単のすごさ」「『高御座』を徹底解説」と続きます。

「即位の礼」で天皇が「高御座」にのぼり、言葉をのべたあと、安倍首相が一段低いところから、「寿詞」（臣下が天皇に奏上する祝辞）をのべ、万歳三唱するところも横並びで中継。しかし、「高御座」が戦前、神であり主権者だった天皇の地位を象徴するものであることなどには、いっさいふれません。

ＮＨＫは、「即位礼ドキュメント」「即位礼特設ニュース」などをはさみ、夜の「饗宴の儀」もくわしく報道しました。

「天皇というのは神の子孫ですから」「古墳時代から続いている儀式」などというコメントが飛び交うなか、テレビ朝日系「羽鳥慎一モーニングショー」に出演したジャーナリストの青木理氏が、「天皇制のあり方、皇室のあり方とか、考えないといけない。国民の総意に基づいて存在するんだから」と発言していたことに注目しました。

（レーダー　２０１９年10月23日）

「桜」疑惑、追撃するテレビ

安倍政権は「桜を見る会」私物化疑惑について、2日の参院本会議で幕引きをしたい考えでしたが、3日朝のTBS系「グッとラック！」が「第13弾」と銘打ち、「首相の疑惑は晴れたのか」と特集するなど思い通りにはなりません。2日夜のNHK「ニュースウオッチ9」も「招待者をめぐる問題」など「三つの論点」を示し、取り上げました。

他の民放も追撃するなか、注目したのは、11月28日の「羽鳥慎一モーニングショー」（朝日系）の「そもそも総研」が、「安倍総理　法的問題はないの？」と2人の専門家への取材を交えて解説したこと。

疑問①としてあげたのは、前夜祭の「格安？　5000円の会費問題」。東京地検元特捜部の郷原信郎弁護士は、「1人5000円で、できるわけがない。（安倍首相側が）補てんしたとすると、公選法の利益供与に違反することになる」。上脇博之神戸学院大学教授も「差額は、ホテルが安倍事務所に寄付したことになる。企業は、政党には寄付できるが、政治団体にはできないので、政治資金規正法違反」と指摘しました。

疑問②は、「5000円会費の徴収問題」。安倍首相が、事務所関係者が受け取ってホテル名義の領収書を渡したと説明していることについて、上脇氏は「政治団体がお金を受け取ったという事実。政治資金収支報告書に必ず記載しないといけない」と強調しました。

同局社員の玉川徹氏が、「結局、（検察は）立件しないんじゃないの」と提起。「動かない可能性が高い」と応じた郷原氏は、「検察が政権に飼いならされている」と指摘。「統治機構全体、政府自体が、おかしなことをやらざるを得ないことになっているのが問題だ」とのべました。

最後に、安倍首相が2007年参院選の党首討論で「政治資金の問題というのは、透明度を上げていくことが大切」と発言していたことを紹介。玉川氏は、「規正法は、政治に使うカネを透明化しようというのが趣旨。明細書も名簿も含めて出して、総理自身が、透明度を上げてもらいたい。〝何もやましいことはない〟といっているんだから、ぜひ国会でしゃべっていただきたい」とまとめます。

メディアは、一問一答を重ねられる予算委員会の集中審議に首相が応じるまで、しつこく追及してほしい。

（レーダー　2019年12月4日）

中曽根政治の検証を

１９８０年代に約５年にわたって首相を務めた中曽根康弘氏が亡くなり、各メディアは大きく報道しました。いずれも「改革を断行した」「日本の存在感を高めた」といったものが主流でした。

ＮＨＫテレビも１日、特別番組「中曽根康弘元首相と戦後日本」を放送。「国鉄などの民営化に取り組み、行政改革を進めた」「日米同盟を強化した」ことを〝業績〟として評価しました。

でも、ちょっと待ってほしい。国鉄（現ＪＲ）などの民営化で、多くの労働者が職を失い、採算の採れないローカル線は次々と切り捨てられました。アメリカのレーガン大統領（当時）との親密な関係は、軍事費の国民総生産（ＧＮＰ）１％を突破する予算を編成、今に至る対米従属の軍事同盟路線を強めることになりました。

さらに、首相として戦後初となる靖国神社への公式参拝、ロッキード事件や、政財官・マスコミなど各界を総汚染したリクルート事件に深く関与したことなどは、国民にとって看過できない記憶です。

記者にとって、忘れられないのは、１９８５年、「民間活力の導入」の名のもとに、東京・西戸山の国家公務員宿舎跡地を中曽根氏の政治団体に献金している企業などに売り渡し、再開発させたことです。進め方は、大蔵省（現財務省）理財局長を官邸に呼びつけ、国有地活用を指示、理財局長は私的諮問機関「公務員宿舎問題研究会」を立ち上げ、そのもとの専門部会メンバーには、中曽根人脈がずらり。まさに自作自演、お友だち政治でした。なにやら、森友・加計疑惑を想起させます。

番組は、今につながる一連の〝負の遺産〟には一切触れませんでした。こうした視点ぬきに、まるで〝大宰相〟であるかのような描き方は国民の感情にも合いません。ＮＨＫを含め、メディアはきちんと中曽根政治の中身を検証してほしい。

（レーダー　２０１９年12月８日）

アベノマスク検証を

安倍政権が新型コロナウイルス対策の〝目玉〟として打ち出した全世帯への布マスク配布

は、不良品が続出し回収に乗り出すなど不評を買っています。テレビでも、「アベノマスク不良品相次ぐ　予算466億円のナゾ」（26日、TBS系「サンデー・ジャポン」）などと報じられました。

「大竹まこと　ゴールデンラジオ！」（22日、文化放送）では、パーソナリティーの大竹まことさんから、この問題について問われた自民党の石破茂元幹事長が、医療関係の特別なマスクなど医療従事者への支援の重要性に言及し、「優先順位は、どうだったんだろう」としてこうのべました。

「国民からいただいた税金を使うときに、そうだよねって大勢の方に言っていただける使い道は、他にもあったんじゃないのか、ということですよね」

日本共産党の志位和夫委員長が出演した「報道1930」（22日、BS-TBS）では、コメンテーターの堤伸輔氏が、「志位さんもおっしゃったように、（首相は）PCR（検査）センターをつくれと言っておきながら予算はつけない」と指摘、「布マスクのお金を全部使っていたら、PCRセンターができたわけです」と語りました。

優先順位や使い道が違っているのです。

布マスク全戸配布の予算は466億円。うち、マスク購入費は169億円で、現在、契約額がわかっているのは、興和54・8億円、伊藤忠商事28・5億円、マツオカコーポレーション7・6億円の計90・9億円。官邸官僚の「全国民に布マスクを配れば、不安はパッと消えますから」との進言から始まった、この計画、国会での検証が必要です。

ちなみに、2018年の政治資金収支報告書によると、不良品が見つかった伊藤忠商事は2500万円、興和は87万円を、それぞれ自民党の政治資金団体「国民政治協会」に献金しています。


（レーダー　2020年4月29日）

検察OBの怒りが……

内閣の一存で特定の検察幹部の定年延長を決められるようにする検察庁法改定案は、松尾邦弘・元検事総長を含む検察OBが反対の意見書を提出するなど世論が盛り上がり、今国会での成立断念となりました。

17日のTBS系「サンデーモーニング」には、元東京地検特捜部長の熊﨑勝彦氏が登場。安倍首相の「検察官は行政官であり、改正で三権分立が侵害されることはなく、恣意的な人事が行われることは全くない」との14日の記者会見に次のように異を唱えました。

「検察官は、国の行政組織に組み込まれてはいるが、日本においては『準司法官』でもある」とした熊﨑氏。「そういう微妙なバランスのなかで、検察官は制度上つくられている、三権分立を背景にしながらね。司法の独立をまっとうするためには、検察官も検察権も独立でなければならない、ということが『検察庁法の精神』として脈々と受け継がれてきているわけです」ときっぱり。

番組も紹介しましたが、検察は、ロッキード事件、リクルート事件、ゼネコン汚職など時の政権中枢に迫る捜査を不十分とはいえ重ねてきました。金丸信元副総裁の巨額脱税事件などの巨悪にも切り込んだ熊﨑氏の発言には重みがあります。

熊﨑氏ら38人の特捜OBも18日、同改定案の再考を求める意見書を提出しました。

一方、安倍首相は15日、〝お仲間〟のジャーナリスト、桜井よしこ氏が主宰するネット番組に生出演して、同改定案について、「検察人事への介入はあり得ない」などとのべました。しかし、お気に入りの黒川弘務東京高検検事長の人事について〝法務省が提案〟と言い出し、「(黒川氏に)お目にかかったことも、個人的に話したこともない」と平気でウソを言うのですから、全く説得力がありません。

その桜井氏、17日のフジ系「日曜報道ザ・プライム」に生出演し、「官邸は法務省、検察庁から上がってきたものをそのまま受け入れているだけ」などと安倍首相を擁護。東京地検特捜部副部長を務めた若狭勝弁護士から「全くもって事実に反する。実質的な発案者は官邸、内閣で間違いない」と一蹴されていました。

18日の朝日系「報道ステーション」の電話取材に、法務省元官房長でロッキード事件の捜査にも特捜検事として関わった堀田力氏が「(政府が)とるべき態度は〝役職定年延長〟の廃案しかない」とのべたように、まだ決着はついていません。

(レーダー　2020年5月20日)

政権中枢の疑惑に迫れ

河井克行前法相、案里参院議員の大規模な買収事件。焦点は、自民党本部が両容疑者側に1億5000万円もの資金提供をした経緯や、首相らの関与の解明に移ってきましたが、6月28日の二つのテレビ番組が、この問題に正面から切り込んだことに注目しました。

BS朝日の「激論！クロスファイア」は、「1・5億円をめぐるさまざまな疑問や自民党執行部の責任」という角度で、元東京地検特捜部検事で弁護士の郷原信郎氏とジャーナリストの青木理氏が討論しました。

郷原氏は、1・5億円について、「どういうお金で、どういう趣旨で（河井氏側に）渡されたのか、それを（地方議員らに）配ったこととどう関係があるのか、しっかりと河井夫妻が説明しないといけない」と指摘。案里氏を当選させる目的で、1・5億円の供与を「決定した人、（それに）関わった人に（買収目的供与罪という）犯罪が成立する。だから、自民党本部に捜査が入らないといけないんじゃないか」と語りました。青木氏も、「（自民党）総裁か、幹事長か、あるいは会計責任者か。強制捜査して資料を押収するべきだ」とのべました。

有権者にカニやメロンを配っていた菅原一秀前経済産業相が、起訴猶予となったことに関連して、青木氏は「検察が一番怖いのは世論なんですよ」として、「世論が盛り上がるかどうか、メディアも大事なんです」と指摘しました。

TBS系「サンデーモーニング」は、冒頭でこの問題を特集。福山大学客員教授の田中秀征氏は、1・5億円の流れについて、「徹底的に追及しないといけない」と強調。河井氏を法相に就任させたことについて、黒川氏を検事総長にしようとしたことと合わせ、「安倍首相はそういう人を周りに置いて、自分を守らせようとしたという〝誤解〟が生じる。トコトン説明責任を果たさないとだめだ」とのべました。

ドキュメンタリー監督の大島新氏も、「1・5億円が、どういう金か、検察が踏み込んでいくかが問われている」と発言。報道キャスターの松原耕二氏は、「誰がどうやって決めたのか、きちんと国会で安倍首相自身が説明すべきだ」と求めました。
国会を延長せず、逃げ回る安倍政権。政権中枢の疑惑に迫るかどうか、メディアの姿勢も問われています。

（レーダー　２０２０年7月2日）

国民のことは二の次

新型コロナウイルス対策担当の西村康稔経済再生担当相は、国民よりも経済優先なのか。東京都の感染者が2ヵ月ぶりに１００人を超えた2日の記者会見。「しっかりと感染防止策を講じて経済活動との両立を図っていく。これができないなら、もう経済活動できません！」とキレ気味に語ったあと、「もう誰も、ああいう緊急事態宣言とか、やりたくないんですよっ！　みんなで休業もやりたくないでしょ！」。

３日の朝日系「羽鳥慎一モーニングショー」で、タレントの長嶋一茂氏は、「怒って何が解決するの」とズバリ。「今は怒るレベルじゃないんです。ひっ迫して明日の生活をどうするかっていう人があふれている中、何を怒っているの」とたしなめました。

5日のTBS系「サンデーモーニング」では、東京都での新規感染が3日連続して3ケタになったことや、西村発言が取り上げられました。

日本環境感染学会副理事長の松本哲哉国際医療福祉大学教授は、「残念ながら政府にしても自治体にしても、（感染拡大防止のため）具体的に何をやるか、言われていません。個人個人の行動に期待して、呼びかけだけでは感染者は減りません」とのべました。

ジャーナリストの青木理氏も、検査体制の充実や医療機関への支援を強調。「そういう動きが政治レベルで見えない。〝みなさんにおまかせ〟になっているのが、一番気になっている」と指摘しました。

科学的知見に基づいてコロナ対応をしなければならないのに、政府の専門家会議の廃止を突然表明（6月24日）したのも西村氏です。

ちょうど2年前の7月5日、西日本豪雨の際、官房副長官でありながら、安倍首相も参加した赤坂議員宿舎での飲み会「赤坂自民亭」の写真を「まさに自由民主党」などとSNSに投稿した西村氏。国民のことは二の次のようです。

（ちょっといわせて　2020年7月9日）

雇い主は日本国民だ

「総理！（改ざんの原因を）再調査する考えは？」「……」。片手をあげ無言で足早に官邸を後にする安倍首相の姿をテレビカメラが映します。

これは15日、「森友学園」問題の公文書改ざんをめぐり自殺した近畿財務局職員・赤木俊夫さんの妻・雅子さんが国などに損害賠償を求めた訴訟の第一回口頭弁論があった日のニュース。自分に都合の悪いことになると、繰り返される光景です。

法廷で雅子さんが言葉を詰まらせながら「安倍首相、麻生大臣、私は真実が知りたいです」と訴えたのに、自分の国会答弁がもとになって、俊夫さんを死に追い込んだ首相のこんな対応が許されるのか。同日夜の日本テレビ系「NEWS　ZERO」でニュース解説の小栗泉・同局政治部長もさすがに「真相を置き去りにしていいのか」と指摘しました。

もう一人、名指しされた麻生太郎副総理・財務相。雅子さんが再調査を求める35万を超す署名を提出しても、再調査を拒否し続けてきましたが、こちらは裁判があった翌16日夜、新型コロナウイルスで延期していた派閥（志公会）の政治資金集めパーティーを開きました。

同日夜の民放ニュースでは、麻生氏がにこやかな表情で、感染防止策として会場の受付でおでこに機器をあて検温したことを得意気に話していた場面が流されました。

東京で同日、２８６人の新たな感染者が確認されるなど、国民の不安やいらだちは募るばかりなのにカネ集めか。感染対策で飲食物の提供は控えましたが、パーティー券は2万円のまま。ちなみに、政治資金収支報告書（２０１８年）によると、志公会は同年4月12日の「志公会と語る夕べ」で、一晩で2億６１４３万円のカネを集めています。

この1ヵ月、コロナ感染再拡大、豪雨被害など国民生活に重大な影響を及ぼす問題が相次いでも国会答弁も記者会見もせず、逃げ回っている安倍首相、そして、われ関せずとカネ集めに走る麻生氏。赤木俊夫さんが常々話していた「私の雇い主は日本国民」という言葉をどう聞くのか――。


（ちょっといわせて　２０２０年7月23日）

ナベツネは何を語った

「戦争と平和を考える」として8月に放送されているNHKスペシャルの9日は、「渡辺

恒雄　戦争と政治〜戦後日本の自画像」でした。吉田茂首相（当時）の総理番を振り出しに、現在の安倍晋三首相まで、「歴代政権に深く関与してきた」（インタビュアーの大越健介キャスター）読売新聞グループのトップが何を語るか注目しました。

興味深かったのは、自民党の今につながる国民不在の金権・売国体質の〝暴露〟です。

たとえば、１９５７年2月に首相となった岸信介氏（安倍首相の祖父）。東条英機内閣の商工大臣として開戦詔書に署名した戦争指導者の一人で、戦後、A級戦犯容疑者となっており、「相手にする人がいなかったが、吉田内閣が倒れると、岸もうで。みんな変わり身が早かった」と指摘。56年の自民党総裁選では、「見ている前で〝現ナマ〟の授受をやっていた」とのべ、〝カネと数〟がものをいう自民党政治の側面を証言しました。

岸首相が日米安保条約「改定」への協力の見返りに、大野伴睦副総裁、河野一郎総務会長、佐藤栄作蔵相の順で政権移譲するという密約文書の原紙を戦犯右翼の児玉誉士夫が持っていたというのも驚きです。

渡辺氏は、韓国との国交正常化交渉への関与や、「田中曽根内閣」へとつながる田中角栄、中曽根康弘両氏の橋渡しなどについても語りましたが、「書く立場」にありながら、政権中枢に直接関わってきたことへの〝反省〟なり〝後悔〟の弁はありませんでした。

学徒出陣で陸軍砲兵連隊に配属され、「ボコボコ殴られた」体験を語り、「あれだけ人を何百万人も殺して、日本中を廃虚にした。その連中の責任を問わなくて、いい政治ができるわけがない。戦争のことは書き残していかないといかんのだよ」と語った渡辺氏。

そうであるなら、82年10月の就任早々の所信表明で、「戦後政治の総決算」を唱え、アメリカの核先制使用の容認、軍事費の「対GNP比1％枠」の撤廃に言及し、軍拡路線推進を打ち出した中曽根首相との長年の盟友関係をどう説明するのか。

安保法制（戦争法）の強行など「戦争する国」づくりを進める安倍首相とみずから会食を重ね、紙上（17年5月3日付）で9条改憲を提唱する単独インタビューを掲載するなど、改憲の世論づくりを誘導しているのは「読売」です。

戦後70年にわたって戦後政治を見つめてきたという、ナベツネこと渡辺氏のインタビューは「映像メディアとして初めて」というなら、こうした点もしっかり掘り下げるべきではなかったのか――。

（レーダー　２０２０年8月15日）

差別的議員は自民の顔

自民党の杉田水脈(みお)衆院議員が、性暴力の被害者に対して「女性はいくらでもウソをつけますから」と発言した問題、本人はブログで一方的に謝罪しただけで、いまだに公の席でみずからの言葉で語らないという卑劣な態度をとっています。自民党も13日、「フラワーデモ」主催者らが13万を超す辞職を求める署名の受け取りを拒否しています。

この間、テレビでは自民党の責任に言及するコメントがありました。4日のTBS系「サンデーモーニング」では、フォトジャーナリストの安田菜津紀さんが、「党としても、繰り返し彼女の発言の深刻さをあやふやにしてきた。今回こそは、〝以後、気をつけます〟と軽く受け流す問題ではないと思う」。

実際、杉田氏が2018年7月、月刊誌で、性的少数者のカップルに『「生産性」がない』と主張し、問題になったときも、安倍晋三首相(当時)が、『「もう辞めろ」ではなく、まだ若いから、注意をしながら、仕事をしていってもらいたい』と擁護してきました。日本維新の会所属だった杉田氏を、17年の総選挙で自民党の比例中国ブロック単独候補にしたのは安倍氏です。

2日のTBS系「NEWS23」では、アンカーの星浩氏が、「辞職するのが妥当だ」としたうえで、「(杉田さんは)自民党の顔として当選したわけですから自民党の責任も重大ですし、菅(義偉)総理、(自民党)総裁は女性活躍を応援すると言っているわけですから、その一方でこういう発言を許しておくというわけにはいかないと思います」と指摘しました。

差別発言を繰り返す杉田氏、そのつど容認してきた自民党。先ごろ公表された「政党交付金使途等報告書」によると、杉田氏が支部長の「自民党山口県衆議院比例区第二支部」(なぜか、安倍氏の地元の山口県!)は19年に1300万円の政党助成金を党本部から受け取っています。いつまで歳費と、国民の税金である政党助成金も受け取り続けるのか。


(レーダー　2020年10月16日)

政権の〝暴走〟ただせ

日本学術会議会員の任命拒否問題をめぐる菅義偉首相の説明について、各世論調査で「納得できない」という回答が高い数字を示しています。菅政権の論点そらしに手を貸すメディアが多いなか、二つの番組に注目しました。

「元会長&当事者生直撃　菅首相説明責任の是非」と銘打った19日夜のBSフジ「プライムニュース」。出演は4人。「政権の監視がきかない組織が存在してはならない」とのべた作家の門田隆将氏は論外で、猪口邦子自民党参院議員も「自動的に決まるなら総理の仕事が形骸化してしまう」と首相を擁護しました。

これに対し、元会長の大西隆東大名誉教授は、「総理の側に選考の基準が別途あるなら示してほしい。それが説明責任ですよ」ときっぱり。任命拒否された6人の一人、岡田正則早稲田大学教授は、「総合的、俯瞰的に6人が不適格というなら理由をきちんと説明できるはず。基準も示さなければ、闇討ちのようなもの」とのべました。

〝勝負あった〟感があります。

18日のTBS系「サンデーモーニング」は、この間の経過を丁寧に報道。各コメンテーターの意見は――。

目加田説子中央大学教授は、「公金が投入されているからといって、政府の意のままに動かなければならないとか、人事についても白紙委任を得たように独自に判断ができるというのは、非常に危険な発想。どうして6人を拒否したのか、きちんと説明する責任がある」。

「いま（われわれが）目撃しているのは、政治、政権の思い上がり」だと切り出した評論家の寺島実郎氏は、安倍政権が検察人事を意のままにしようとしたことにもふれ、「民主主義の価値ということを、われわれ自身が踏み固めないと、この国はとても危険なことになると、気が付かないといけない。権力がすべてなんだ、権力の言うことを聞くべきだ、という時代をつくってしまったら必ず道を間違える」と指摘しました。

さらに「報道1930」（BS-TBS）キャスターの松原耕二氏は、拒否した理由の説明がないまま、「税金を使っているのにたてつくな」などという声が聞こえてくるとして、「このままでは、学問だけに限らず、文化、芸術など、公的資金を投入されているところに、萎縮効果がもっと広がってしまう」と警鐘を鳴らしました。

菅首相はいまだに任命拒否の理由を語らず、「学術会議は政府機関だ」と介入を当然視しています。政権の〝暴走〟は明らか。メディアは権力監視の役割を今こそ発揮すべきです。

（レーダー　2020年10月24日）

政権に忖度した人事

NHKの4月からのキャスター交代で注目されるのは、有馬嘉男、武田真一両氏の看板番組からの〝降板〟です。取りざたされているのは、政権へのＮＨＫの忖度(そんたく)です。

２０１７年から「ニュースウオッチ９」のキャスターを務めてきた有馬氏。菅義偉首相が昨年10月26日、臨時国会の冒頭、所信表明演説をおこなった夜、番組に生出演した際、日本学術会議会員の任命拒否問題について、「もっとわかりやすく説明していく必要があるのでは」と質問を重ねました。すると、首相は、「説明できることと、できないことってあるんじゃないでしょうか」と気色ばみました。

問題はその後。昨年11月、『週刊現代』が報じたところによると、翌日、官邸からＮＨＫ報道局に「総理、怒っていますよ」「突っ込むなんて事前の打ち合わせと違う」と電話があったといいます。電話の主は、菅首相の長男が勤める「東北新社」から一晩で７万４千円の接待を受けていたことで内閣広報官を辞任した山田真貴子氏とされています。

この山田氏の抗議電話の一件は、国会でも再三取り上げられ、２月25日の衆院予算委員会では、ＮＨＫの前田晃伸会長が「(山田氏から) 抗議の電話を受けたことはない」と繰り返し、電話自体があったことは否定しませんでした。

一方、「クローズアップ現代＋」のキャスターから金曜の夕方、大阪放送局から送る新番組「ニュース　きん５時」のキャスターになる武田氏。今年１月19日の放送で自民党の二階俊博幹事長に新型コロナ対策でインタビュー。「政府の対策は十分なのか。さらに手を打つことがあるとすれば何が必要か」と質問すると、二階氏は「いちいちそんなケチをつけるもんじゃないですよ」とすごんでみせたのです。この質問が、二階氏の不興を買ったとされています。「総理は新型コロナ対策に全力を尽くす考えです」などというパターンの政治報道が目立つＮＨＫのなかで、有馬、武田両氏の質問は、国民が疑問や不安に思っていることを聞いただけです。有馬氏は、山田氏が辞職した１日夜の放送で、「辞職で終わりではない」として、「一連の接待で行政がゆがめられていないかどうかという肝心な点についてはまだ納得が得られる説明は尽くされていない」とコメントしました。

見せしめ的に人事がなされているとしたら、もはや公共放送とはいえません。

（レーダー　２０２１年3月10日）

無策さらした麻生発言

麻生太郎副総理・財務相が、「いつになったらマスクを外せるのか」と記者団に逆質問したことが波紋を呼んでいます。

問題の発言は、19日の閣議後の記者会見で飛び出しました。黒いマスクをした麻生氏は「マスクなんて暑くなって、口の周りがかゆくなって最近えらい皮膚科がはやっているそうだけど」とのべ、「いつまでやるんだね？　真面目に聞いてるんだよ。あんたら新聞記者だから、それくらい知っているんだろ。いつまでやるの」と質問を続けたのです。

「世界のワクチン事情」について扱った21日のTBS系「サンデーモーニング」の「風をよむ」のコーナー。ジャーナリストの青木理氏が、「これだけ未曽有の感染症なので、どうやってワクチンを調達するか、外交力、交渉力、科学力、開発力、資金力……総合的な国力が問われるが、日本はうまくいっていない」と指摘。麻生発言にふれ、「そんなことを冗談なのかもしれないけど、おっしゃっている人が、政府のナンバー2なのかなと思うと、（日本が）〝先進国〟なのかという議論がありましたが、残念ながら、これが今の現実なのかな」とあきれ顔でした。

22日の朝日系「羽鳥慎一モーニングショー」では、同局社員の玉川徹氏が、「一番情報を持っているのは、政府でしょ、感染対策とかに対して。それなのに、記者に対して、『どうするの？』と聞いてどうするの。われわれの政府は無能といっているのと一緒じゃないですか」と批判しました。

記者会見で、記者団から〝回答〟があったかどうかは不明ですが、「アベノマスクは税金の無駄遣いだったのでは？　財務相として責任は感じないのか」ぐらいの〝反撃〟があってもよかったと思うのですが……。

「朝日川柳」24日付には、「あなたこそ　いつまでやるの　そのポスト」とありました。新型コロナウイルスの感染防止に責任を持つという自覚がなく無為無策、困っている医療現場や業者などに必要な支援をしない財務相、政権はもうごめんです。

（レーダー　２０２１年3月27日）

気象庁の予算と国民の命

朝日系「グッド！モーニング」の「お天気検定」のコーナーは、気象予報士の依田司さんが、気象にかかわる事柄を3択形式で問うもので、季節の移り変わりも確認できます。

3月30日は、ひと味違いました。気象庁の一般会計予算がこの20年間で、「増えた」「同じ」「減った」という問題。正解は「減った」で、依田さんは、気象庁の予算を示したグラフを掲げ、「２００１年は約６３２億円、21年度は約５１５億円。だいたい１２０億円も減ってしまうんです」と説明しました。

「国の予算は20年で20兆円以上増えているのに、気象庁の予算は減ってしまうんですね」

とコメントしたうえで、「事業などは（この予算で）不自由なくできる」との気象庁の回答を紹介した依田さんは、「私はそうはまったく思いません。地球温暖化に伴う気候変動、異常気象が多発しています」と指摘。「ここ3年でも西日本豪雨、東日本台風、熊本豪雨がありました。多くの方の命が奪われております。予算が120億円減るのではなく、逆に増えていれば救われた命もあったのではないでしょうか。その辺はわれわれの血税、必要なところに回していただきたい」と語気を強めました。

たまたま同日夜、NHKBSプレで、2000年3月に放送された「プロジェクトX」の記念すべき第1回、「富士山レーダー開発」の高精細映像版「巨大台風から日本を守れ」を見ました。

5000人を超す死者を出した1959年の伊勢湾台風をうけ、富士山頂に日本列島を広範囲にカバーする気象レーダーを建設するために立ち上がった人々の苦闘を追いました。当時、気象庁測器課長として建設責任者を務めたのは、後の作家・新田次郎でした。スタジオで、振り返った国井雅比古アナウンサーは、「これによって救われた命があった」とのべました。

今年自民党などが受け取る政党助成金は317億円。軍事費は過去最高の5兆3422億円。災害から命を守るための予算はもっと充実されるべきです。

（レーダー　2021年4月9日）

国軍をかばう甘利発言

国軍によるクーデターから3ヵ月が経過したミャンマーでは、市民への武力弾圧が過酷さを増しています。

こうした中、日本ミャンマー協会理事を務める甘利明・自民党税調会長（元経済再生相）のテレビ発言が波紋を広げています。「殺りく続くミャンマー　親日国民救う日本の使命は」と題した4月26日のBS11「報道ライブ　インサイドOUT」でのものです。

国軍が設置した最高意思決定機関、「国家統治評議会」の報道官は、4月9日の記者会見で、「木を育てるためには、雑草は根絶やしにしなければならない」などとのべました。同日のNHKテレビのニュースは、この報道官の発言について、「アウン・サン・スーチー氏らを拘束し、デモ隊を弾圧する軍の行為は正当だと主張しました」と報じました。

ところが、甘利氏は、「根絶やしにするというのは、市民や国民ではなく、少数民族軍のこと。正確に理解しないといけない」などとのべ、国軍の行為をかばったのです。

日本政府は、国軍が民主化運動を弾圧しているさなかも、政府開発援助（ODA）を供与し軍政を支援してきましたが、今も欧米諸国が制裁という形で態度を示しているのに、「独自のパイプ」で働きかけるなどと一線を画しています。甘利氏の国軍寄りの姿勢は、これと軌を一にするものです。人権や民主主義よりも経済か。

ちなみに、日本ミャンマー協会の最高顧問は、麻生太郎副総理・財務相で、副会長には三菱商事元会長、丸紅名誉理事、住友商事特別顧問が名前を連ねています。

自民党税調会長としてテレビ出演が目立つ甘利氏ですが、大臣室で建設業者からカネを受け取った口利き疑惑の説明はいまだになされていません。この問題もうやむやにするわけにはいきません。

（レーダー　２０２１年５月７日）

〝五輪一色〟でいいのか

予想していたとはいえ、あまりにひどい。朝から夜までの東京オリンピックのテレビ報道です。ＮＨＫは、総合だけでなく、Ｅテレ、ＢＳ１もほぼ五輪一色です。民放５系列も、日替わりでほぼ午前９時から午後11時まで放送しています。

新型コロナウイルスの感染急拡大に伴い、東京の医療のひっ迫状況は深刻さを増していま す。ところが、テレビのニュースはこうした事実をしっかりと伝えなくなっています。

感染拡大で、選手も含め、国民の命と人権が危険にさらされているにもかかわらず、なんの根拠も示さず、「(国民の命は)守れると思っている」(21日)と言い切る菅義偉首相。20日、米紙ウォール・ストリート・ジャーナルのインタビューには、「競技が始まり、国民がテレビで観戦すれば、考えも変わる」と答えました。

NHK、民放各局の五輪報道方針は、首相の思惑に沿ったものといってよいでしょう。

なぜ、こんな報道姿勢になってしまうのか。

＊　＊　＊

NHKと民放キー局は、共同でジャパン・コンソーシアム(JC)をつくり、巨額の放送権料を払っているからです。

東京オリパラ組織委員会のもとに設置された「メディア委員会」(NHK、民放各局、大手新聞などの幹部が参加)の理事会(昨年2月)で、TBSテレビの安藤洋二東京オリパラ室長が「われわれ民放、NHK、JCは、高いお金を払って放送権を買って、放送に挑もうとしています」とのべています。「高い放送権料を払っているんだ」とばかりに、五輪に批判的な報道ができなくなってしまっているのです。

本格的な競技が始まり、「いよいよ始まる金メダルへの道」「最初のメダルを取るのは誰でしょうか」というアナウンサーの絶叫が聞かれるようになりました。ニュースでは感染の現状をのべた後、「○○選手がメダルを取りました」……。こんな報道が毎日のように続くでしょう。

フォトジャーナリストの安田菜津紀さんは『AERA』(7月26日号)で、「オリンピックのメダルの数と重症者の数を報道するというのは、ある種グロテスクな世界」と、放送のあり方を問いかけています。

＊　＊　＊

緊急事態宣言を出しながら、それとまったく矛盾する五輪開催に突き進んだことが、国民への誤ったメッセージとなり、現に人出は増えています。「無観客」であっても、選手、大会関係者、ボランティア、報道関係者など、さまざまな場面で感染拡大のリスクを大きくしています。この矛盾をそのまま放置して、五輪一色という報道のあり方を続けていいのかが、厳しく問われています。

(2021年7月26日)

公明党に配慮　給付金で政権維持？

自民党と公明党が18歳以下への「10万円相当」の給付について「親の年収960万円」の所得制限を設けることなどで合意しました。ところが、評判がよくありません。

9日夜の朝日系「報道ステーション」は、大越健介キャスターが「子どもたちへの意味のある贈りものになるのか」と問題提起。東京外国語大学で1個100円の弁当120個が10分で完売されたことなどにふれ、「大学生も困っている」と学生の声を紹介しました。将来世代への〝ツケ〟を懸念する声があるとして、「上からカネをばらまいているだけでは」という小売業の男性の声も。

同日夜のTBS系「news23」も、「19歳以上の大学生や専門校生は、不公平になっちゃう」など街の声を紹介。新谷学『週刊文春』編集局長は、「所得制限はつけましたが、ほぼ（公明党案の）丸のみ」と指摘。国山ハセンキャスターの「なぜ、（自民党は）公明党に弱い？」との質問に、新谷氏は、「（総選挙で）野党共闘で接戦となり、公明党の票が非常に効いてくる。それで勝利した人がかなりいる。いまさら公明党を切り捨てることはできない」と分析しました。

過去、1998年にも、自民党は公明党が主張する地域振興券を丸のみしたことがあります。次は自公連立の立役者だった野中広務元幹事長の〝証言〟。

「政府が十五歳以下の子供がいる家庭に配布した地域振興券の総額は約七千億円。野中は実施が決まった後、派閥の若手議員たちとの会合でこう言ったという。『天下の愚策かもしれないが、七千億円の国会対策費だと思って我慢してほしい』」（魚住昭著『野中広務　差別と権力』）

なぜ、18歳以下に限定するのか。中小業者などコロナ危機で苦しんでいる人は……。11日付各紙は「受給できぬ低所得者も」（「東京」）、「公明に配慮　スピード決着」（「朝日」）などの見出しが。国会対策や政権維持のためではなく、中身の議論が必要です。

（レーダー　2021年11月12日）

首相を直撃するなら

岸田文雄首相がメディアを選別してテレビ番組に出演を繰り返していますが、TBS系「n

ews23」は13日夜、急拡大する新型コロナウイルスの「第6波」に向け、政府としてどう対応するのか、「首相に直接問う」と題して約20分放送しました。同日午後3時すぎ、官邸で収録されたもの。

岸田政権は第5波から感染拡大までに3ヵ月あったにもかかわらず、十分な備えをしてきませんでした。ワクチン接種の3回目前倒しを「もっと早く判断してほしかった」、経口治療薬についても「足りない、届いていない」――番組では、こうした現場の声を交え、小川彩佳キャスターの岸田氏へのインタビューを報じました。

ところが、首相の口から出てくるのは、「高齢者への前倒しもできるだけ6ヵ月にするべく努力をする」「（経口治療薬は）どれだけ地方に、現場に行き届くか、これはもう時間とのたたかいということだと思っている」などという〝努力目標〟。どこまで実効性があるのか、心配になってきます。

17日夜の「岸田総理を直撃！」と銘打った東京系「WBS」（同日夕収録）、この間のBSフジやフジテレビの生出演番組が、いずれも首相に言わせるだけといった感があっただけに、「news23」は少し趣が違いました。

でも、残念だったのは、首相インタビューが全部、放送されなかったこと。インターネットの「TBS　NEWS」で、小川キャスターの単独インタビュー23分32秒を視聴することができます。

そのなかには、アメリカ軍関係者から感染が広がっていることを指摘し、「日米地位協定の改定に踏み込んでいくことが、日本側での検疫を可能にしていくためには必要ではないか」という、きわめて当然の質問もあります。

首相は、「地位協定というのは膨大な法体系で、これを変えるのはなかなか大変」とのべ、「まずは外出制限を実行してもらった」と屈辱的態度。さらに日米地位協定にもとづく日米の合同委員会という仕掛けがあるとして、「日米地位協定そのものを変えるということは、特段考えておりません」。

「それでは、また同じことを繰り返すことにならないか」と二の矢を放つ小川キャスターに、首相は「必要なものをそこ（日米合同委員会）で合意するわけですから、国民の不安解消につながるということならば、それは大事なことではないか」とわけの分からない回答。結局、独立国にあるまじき主権侵害を容認する、情けない態度です。

通常国会が始まりました。メディアは、地位協定の抜本改定を求める国民の声も積極的にとりあげてほしいものです。

（２０２２年１月20日）

維新府政告発した「報道特集」

新型コロナウイルスによる死者数が2万人を超える中、全国でも飛びぬけて多いのが大阪府。12日のTBS系「報道特集」は、「第6波……大阪はなぜ死者数多い?」と迫りました。番組は、コロナによる死者が人口100万人あたり21・7人と全国でもっとも多く、高齢者施設でクラスター(感染者集団)が相次ぎ、10日以上たっても治療が受けられないなどの実態を紹介。「背景には何があるのだろうか」と、国の地域医療構想で公立・公的病院の病床削減が進められ、大阪維新府政もそれに追随してきたことを明らかにします。

「病床の削減は、府議会でも取り上げられた」として昨年11月、日本共産党の石川多枝府議の質問を紹介。大阪府が昨年度、コロナ病床にも使われる急性期病床を229床も削減したことを「いったん立ち止まってやめるべきだ」との追及に、吉村洋文知事は「地域医療構想は引き続き推進していく必要がある」。府民の命を守ることに背を向ける冷たい姿勢が浮き彫りになりました。

20年前、府内に61カ所あった保健所は3分の1以下の18カ所となり、常勤する保健師数は人口10万人あたりで全国3番目に少なく、人口約270万人の大阪市には一つの保健所しかない……。

大阪府職労の小松康則委員長は、「保健所の少なさが今の深刻な事態になった。救われなくてはいけない命が救えないのはやりきれないという声がたくさん寄せられている」と語りました。現役保健師も「ずっと2年の間、（コロナの）波のたびごとに、時間外労働が長くなっている」。番組は「弱者の方にしわよせがいっている」と指摘しました。

吉村洋文知事のぶら下がり会見を垂れ流すだけのメディアが目立つ中、自民党以上に福祉切り捨てを実行してきた維新政治の実態を暴いた出色の報道でした。

（レーダー　2021年2月18日）

安倍氏側近がテレビ局監査役

内閣情報官として安倍政権を情報面で支えてきた元警察官僚の北村滋氏（65）が、日本テレビホールディングス（ＨＤ）と、子会社の日本テレビ放送網の監査役として天下りするという驚きの人事が明らかになりました。12日に発表されたもので、就任は6月29日となります。

北村氏とはどんな人物なのか――。

１９８０年に警察庁に入庁した北村氏は、警備企画課理事官、警備課長、外事課長、外事情報部長など、スパイや国際テロ対策などを担当する公安・外事畑を一貫して歩き、第１次安倍内閣の首相秘書官をへて、２０１１年12月に内閣情報調査室の事実上のトップ、内閣情報官に就任しました。

内閣情報官時代、〝官邸のアイヒマン〟との異名を持ち、内調の情報力を使って、官邸がらみのスキャンダルの火消しに動いたことが指摘されています。

たとえば、加計学園疑惑で安倍首相に異議を唱えた前川喜平文部科学事務次官（当時）の「出会い系バー通い」という読売新聞の〝スクープ〟。警察がつかんだ情報が、北村氏が仕切る内調ルートで官邸にあげられ、官邸からリークされたという見方がさまざまなメディアで報じられました。

13年には、多くの国民の強い反対を押し切って、表現や報道の自由などの基本的人権を保障する憲法原理を根底から覆す秘密保護法の制定（施行は14年）に奔走。19年9月からは国家安全保障局長に就任（菅義偉内閣の21年7月まで）、三日にあげず安倍首相や菅首相と面会、〝情報〟を報告、「官邸官僚」の象徴的存在となりました。

21年9月には、コンサルティング会社「北村エコノミックセキュリティ」を設立。トランプ前米政権で大統領補佐官（国家安全保障問題担当）を務めたオブライエン氏の「アメリカン・グローバル・ストラテジーズ」社と提携、防衛や航空宇宙、製造業など経済安全保障に関する情報提供をおこないます。

昨年11月には、政府の「経済安全保障法制に関する有識者会議」のメンバーとなり、アメリカの世界戦略と軌を一にして、経済と科学技術を軍事に組み込もうとする経済安全保障法制定にかかわりました。

こうした政権中枢を歩んできた人物が、権力を監視すべきテレビの役員に就任することが、どういう意味を持つのか。ちなみに、安倍、菅両首相と、飲食をともにしてきた粕谷賢之執行役員は今回、上席執行役員に昇格します。日本テレビと権力の近さが問われます。

（レーダー　２０２２年５月25日）

ＮＨＫの〝アラート〟

ＮＨＫの４月25日付の役員人事で、小池英夫理事（61）が専務理事に昇格し、大阪放送局長に就任したことが〝注目〟を集めています。１９８５年に入局し、政治部長、編集主幹などを歴任した後、２０１７年４月、報道局長に就任。政権寄りの姿勢が指摘されてきたからです。

安倍政権を揺るがした「森友学園」をめぐる公文書改ざん疑惑で、２０１８年３月、日本共産党の山下芳生参院議員のもとに、ＮＨＫ幹部が官邸や自民党に忖度（そんたく）した「指示」を出していたとする〝内部告発〟が届いたことがあります。

これによると、「ニュース７」「ニュースウオッチ９」「おはよう日本」などのニュース番組の編集責任者に対し、「森友問題」の報じ方について「トップニュースで伝えるな」「トップでもしかたないが、放送尺は３分半以内に」「（安倍）昭恵さんの映像は使うな」などと細かな指示を出していたというものでした。

本紙は、これらの「指示」が、本当に番組に反映されたのかどうか、朝日新聞が文書改ざんをスクープした同年３月２日から佐川宣寿前国税庁長官の証人喚問がおこなわれた同月27日までの番組を検証しました。この結果、民放の２番組（朝日系「報道ステーション」、ＴＢＳ系「ｎｅｗｓ23」）と比べて、ＮＨＫニュースは、報道時間が少ないことや、徹底して安倍晋三元首相の昭恵夫人の映像を使わなかったことなどが裏付けられました。（同年４月30日付で報道）

当時、民進党の杉尾秀哉議員（現立憲民主党）も、参院総務委員会で、官邸や自民党などのＮＨＫ報道批判に「ナーバスになった報道局長さん、Ｋさんとイニシャルで呼びます。森友問題で映像やニュースの扱い方などを細かく指示をするようになった」という情報を得たとして、「これ、ＮＨＫのニュースセンターのなかで、Ｊアラート（全国瞬時警報システム）ならぬ〝Ｋアラート〟と呼ばれている」と取り上げました。

２０２０年4月、理事になり、今回、会長、副会長に次ぐ4人の専務理事の一人になった小池氏。5月12日の大阪放送局での定例会見で、「大阪からＮＨＫを変える」とのべました。あるＮＨＫ元職員は、「権力との密接な関係を続けてきた小池氏が、『バリバラ』に象徴されるような少数派の基本的人権を手厚く保護する大阪放送局の独特の番組をどのように扱うつもりなのか、注視しようと思っている」と話しています。公共放送であるＮＨＫの政権からの自立が求められています。

（レーダー　２０２２年6月8日）

ＮＨＫが安倍政権を回顧したが

ＮＨＫテレビの番組表に、7月31日夜、「安倍長期政権が残したものは?」とあったので、チャンネルを回しました。ゲストの顔ぶれは、御厨貴・東大名誉教授、第1次安倍政権で民間人閣僚として経済財政担当相を務めた大田弘子・政策研究大学院大学特別教授、宮家邦彦・キヤノングローバル戦略研究所研究主幹。「あ、これじゃ……」と思ったらその通りの内容でした。

「テロによって、明らかに推進役を失った」(御厨氏)、「次々と政策を打ち出していった」(大田氏)、「世界から見たら、お世辞抜きでも、すごい損失」(宮家氏)といった具合です。

番組は、「経済政策の成果」では、「実質賃金はマイナス、非正規労働者の割合は年々上昇した」「消費税率の引き上げに2度取り組んだ」としたものの、ゲストは、「明らかに日本経済にプラスになった」(大田氏)。とうてい、現実を見ているとは思えません。

「外交・安全保障政策」では、訪問した国と地域は80にものぼり、国際会議にも数多く参加、亡くなった後、1700件以上の弔意のメッセージが……などと持ち上げます。集団的自衛権行使の限定的容認をめぐって、〝戦争法案いますぐ廃案〟と国論を二分する議論になったことにふれましたが、宮家氏は、特定機密保護法や安全保障法など「基本的に正しかったと思う」。

最後に司会が「(安倍政権の)実績をみてきたが、私たちの社会に何を残したのか」と問いかけました。森友・加計学園疑惑、桜を見る会疑惑といった「負の遺産」について詳しい言及があるかと思ったら、御厨氏は、「説明不足」を認めつつ、「信念をもって（説明を）やらなかった。なぜなら選挙に勝ったから」と安倍氏が国民と国会に説明しなかった姿勢を容認しました。

御厨氏は「安倍さんの遺産をどう受け継ぐか。今後の日本政府の課題だ」としめくくりました。いったい、どんな「遺産」なのか。安倍長期政権を振り返るというのなら、アメリカべったりで大軍拡と9条改憲をすすめていいのか、国民の命を脅かしている新型コロナ対策の無為無策ぶりの責任はどうなのか、深刻な物価高騰の大きな原因となっているアベノミクスの「異次元の金融緩和」の破綻、数々の国政私物化疑惑など、「遺産」をきちんと分析、総括するのがメディアの役割ではないでしょうか。

（レーダー　2022年8月4日）

国民の不安あおるテレビ

北朝鮮の弾道ミサイル発射で、テレビは4日朝7時半ごろ、思考停止状態の一色報道となりました。

政府がJアラート（全国瞬時警報システム）を発令したことを受け、NHKはじめ、民放各局もいっせいに放送番組を中断し、スタジオからこのニュースを伝え続けました。BSイレブン、BS12を除くBSテレビも含め、有事法制にもとづくとはいえ、黒と赤の「アラート」画面を表示し、異様な感じでした。

どの局も「頑丈な建物や地下に避難してください」「窓から離れるか、窓のない部屋に移動してください」などと、Jアラートの内容を繰り返し、避難が呼びかけられた青森県や東京都島しょ部などの映像を流しました。

防衛省は午前7時50分ごろ、北朝鮮から発射された弾道ミサイルの可能性があるものはすでに落下したとみられると発表しましたが、その後も国民の不安をあおるような放送は続きました。

Jアラートの発動は、2017年9月以来、5年ぶり。このときもテレビは、同様の事態となりました。

NHKや民放各局は、「武力攻撃事態対処法」「国民保護法」で「指定公共機関」に指定されています。有事において国の指示に従ったメッセージを放送する役割を担っています。その結果、視聴者が見たのは、横並びで多様性を失った無味乾燥な画面ばかりでした。

放送には民主主義の発達に資する役割も求められています。国のいいなりの画面を延々と表示するのではなく、部分的な表示にとどめるなどの工夫も必要です。

メディアがいたずらに国民の不安をあおることは、北朝鮮の軍事的挑発を利用して、政府が軍拡に取り組みやすい状況を作ることに手を貸すことにならないか。「軍事対軍事」の対決にならないよう何をすべきか、冷静に提起することがメディアに求められている役割です。


（レーダー　2022年10月5日）

マイナカード　税金使った普及やめよ

「いよいよ最後のチャンス！　カード申請は2月末まで！」「マイナポイントの申し込みはお早めに！」――テレビからは、プロ野球監督や俳優が出演するテレビCMが流れ、全国紙には2月4日付に続いて18日付でも全面広告です。政府は、マイナンバーカードを普及するため、新規に取得すると最大2万円のマイナポイントがもらえると大宣伝を展開しました。

しかし、待ってほしい。この〝アメ〟は、税金です。政府はこれまで、マイナポイント事業に総額2・1兆円もの予算を使っています。しかも、日本共産党の宮本岳志衆院議員の調べ（本紙昨年7月16日付）によると、マイナポイント第2弾のCMは、あの東京五輪談合事件の主役、電通が49・7億円で請け負っているのです。

そもそもカード取得は法律では任意です。政府の個人情報保護委員会に寄せられた報告では、2017年度から21年度までの5年間で、約5万6541人分のマイナンバー情報が漏えいしたり、情報が入ったUSBなどが紛失しています。

安全性への懸念や監視社会への不安から、国民のカード取得が政府の思い通りに進まないのは当然です。

そのため、政府は、〝ムチ〟作戦も。現在は社会保障と税、災害対策の3分野に限定しているマイナンバーの利用範囲を、国家資格更新や自動車登録などにも拡大しようと法改定をたくらんでいます。さらに、健康保険証を廃止したうえで、マイナンバーカードと一体化した「マイナ保険証」を義務付けようとしています。すでにカード未取得者の窓口負担増も始まっています。岡山県備前市では保育料や給食費などを無償とする対象を家族全員がカードを取得した世帯に限定する、という教育の機会均等に反することまで実施されようとしています。

便利でも必要でもないカードを〝アメ〟と〝ムチ〟で強引に利用拡大を図り、持ちたくない国民にカードを強制する〝政策〟はただちにやめるべきです。

（ちょっといわせて　2023年3月1日）

メディアの矜持とは

放送番組への官邸の介入という大問題なのにテレビの「政治的公平」をめぐる放送法の解釈変更問題の取り上げ方は、高市早苗経済安全保障担当相の国会答弁の〝変遷〟に焦点が当てられているようで違和感があります。

この時期に、NHK、日本テレビ、「読売」「毎日」「日経」の各社幹部が政治ジャーナリストの田﨑史郎氏とともに岸田文雄首相とフランス料理店で会食（14日）していたことは、改めて権力を監視するメディアとしてどうなのかと考えさせられます。

そんななか11日のTBS系「報道特集」は、「高市大臣と行政文書」としてこの問題に正面から迫りました。

番組では、「以前から放送に対して政治が何らかの影響力を及ぼしたいとか、自分たちにとって都合の悪いことを言ってほしくないとか、そういう意向を及ぼそうという力は感じていた」という元総務省官僚のインタビューを紹介しました。

このなかで元官僚は、「（２０１４年５月の内閣人事局の設置以降）官邸の力がかなり強まっていたので、そちらの顔をうかがうところは強くなっていたのかなと思う」「いわゆる安倍政権になっての〝忖度のはしり〟。この件（放送法解釈問題）を一つの成功体験として、この話の後に森友問題とか加計問題みたいなものが起こっていく」などと証言しました。

さらに番組は、ラジオ放送が戦争遂行に協力した教訓から戦後、放送法がつくられた歴史と意義を紹介。放送法にくわしい川端和治弁護士は「メディアというのは国民の知る権利に奉仕するために存在していることを忘れないでほしいということにつきます」。

最後に同番組の曺琴袖編集長は、「私たちの番組も多くのプレッシャーを受けながら報道することが増えてきた」としつつ、「メディアの矜持とは、国家権力、政府組織の広報をすることではなく、彼らの都合の悪いことも、報じられたくないことも伝え、国民の知る権利に寄与することだと思う」と自らの役割と〝決意〟を語りました。

（レーダー　2022年3月18日）

被爆者怒るG7サミット　テレビはどう報じたか

被爆地・広島で開かれたG7広島サミット。テレビはNHKを中心に岸田文雄首相はじめ、

Ｇ７首脳らの原爆資料館訪問や献花などを逐一生中継しました。そして「〝核軍縮に焦点をあてた〟初のＧ７」（21日、ＮＨＫ「ニュース７」）などと無批判に持ち上げました。

たとえば、22日のＮＨＫ「ニュースウオッチ９」は、「被爆者からは厳しい声があがっている」として、カナダ在住の被爆者、サーロー節子さんの「何も新しいものはない。胸がつぶれる思い」という声を紹介しながら、田中正良キャスターは、「（日本の）外交の力、存在感を示したといっていい」とまとめました。

21日の日本テレビ「真相報道バンキシャ！」では、ジャーナリストの池上彰氏は、Ｇ７首脳宣言について、「核兵器は絶対使ってはいけないというメッセージにはなったのかなと思う」と賛美。

21日のフジ系「Ｍｒ．サンデー」は、この日の動きを振り返り、「歴史的転換点となるのか」とあおり気味の字幕を連ね、〝歴史的な１日〟と強調。フジテレビの松山俊行政治部長が「核の脅しに屈しない」というロシア包囲網ができたと説明、「今回のサミット、すばらしかった」。

これら手放しの〝評価〟に代表されるように、ロシアの「核の威嚇」に対抗する「広島から反核のメッセージ」という図式をそろって強調。視聴者に「岸田首相はよくやった」と〝成果〟を押し付けることになりました。

被爆地から核兵器に固執する宣言を出すという許しがたい「矛盾」、「失敗だ」と断じた被爆者の怒りへの言及はなく、今回のG7サミットが「軍事対軍事」の危険な悪循環をつくり出していることの検証もありませんでした。結果として、岸田政権の軍事国家づくりを後押ししていると言わざるを得ません。

一方、「被爆者はどんな思いで見守ったのか」と特集した21日のTBS系「サンデーモーニング」なども。

同番組にコメンテーターとして出席したピースボート共同代表の畠山澄子さんは、「核抑止力を肯定する文言が明確に入っている。とても受け入れられない」とのべ、文書に「核兵器禁止条約」などの言葉が入っていないことを指摘。同日の朝日系「サンデーステーション」では、2016年に広島を訪れたオバマ米大統領に抱き寄せられた被爆者の森重昭さん(86)が、「核なき世界」への道のりは、「けわしい」とのべ、「ちょっと待ってくださいと言いたい。軍事対応がエスカレートしたら最後には核兵器に行き着く」と〝成果〟に疑問を呈しました。

被爆者団体やNGOが「核兵器禁止条約に参加を」「核兵器はただちに廃絶を」と声をあげたことをほとんど報じなかったことも記憶にとどめる必要があります。

（2023年5月24日）

長男の秘書官更迭したが

岸田文雄首相の長男で政務担当の首相秘書官を務めていた翔太郎氏（32）が昨年末に首相公邸で親族らと忘年会を開いていたことが発覚、「公私混同」と批判をあび、更迭されましたが、これで幕引きというわけにはいきません。

30日の朝日系「羽鳥慎一モーニングショー」で、同局社員の玉川徹氏は、企業のオーナーが自分の子どもを後継者に据えることを例に引きながら、「首相のオーナーは国民、長男に払っているのは税金だから、こっちの方（総理）が公私混同ではないか」と指摘しました。政治ジャーナリストの田﨑史郎氏も「秘書官にしたのは、総理だから、その責任は重い」。

29日夜のＴＢＳ系「ｎｅｗｓ23」は、「秘書官は給料をもらっていたんでしょ。国民の税金ですよね。許しがたい」（40代、会社員）など街の声を紹介。コメンテーターの星浩氏が「厳粛な場での悪ふざけは言語道断。異次元の親ばかだ」と厳しく批判しました。

岸田首相は同日夕、首相官邸で、翔太郎氏の辞任について、報道各社のインタビューに応じた十数分後には、東京・日本橋の会員制飲食店へ。同日夜の日本テレビ系「ｎｅｗｓ　ｚ ｅｒｏ」は、一連の動きを伝えた後、「首相は夜の街へ。（衆院）当選同期の議員との会合に出席」と報じました。

どこまで「任命責任」を感じているのか。

28日のＴＢＳ系「サンデーモーニング」で、フォトジャーナリストの安田菜津紀氏は、翔太郎氏を秘書官に起用した理由を国会で問われた際、首相が「危機管理」を挙げていたことにふれ、「今回の事態で、むしろ起用自体が危機管理上の問題であることが浮き彫りになったんじゃないか」と指摘しました。

翔太郎氏を巡っては、今年1月の首相の欧米5カ国歴訪の際、公用車を使って観光したことも明らかになっています。「世襲」に向けた布石とみられる秘書官起用の経緯とその後の行状の事実経過を明らかにする責任が首相にはあります。

（レーダー　２０２３年6月2日）

無責任さを露呈した河野氏のテレビ出演

マイナンバー保険証に別人の医療情報がひもづけられるなどマイナカードをめぐるさまざ

まなトラブルが後を絶たないなか、カード普及の旗振り役である河野太郎デジタル相が、テレビ番組に相次いで生出演しましたが、無責任さを露呈するものとなりました。

5月31日のテレビ東京「WBS」では、「公金受取口座」に誤登録があった自治体の担当者の「別人の口座がひもつくようなシステム自体に問題がある。河野大臣の〝人為的ミス〟という発言は自治体に責任を押し付けているようで不快」という声を紹介。司会者に「どう受け止めるか」と問われた河野氏は、「人間がからめば、どんなに低い確率でも人為的ミスは起こる。マイナンバーカードのシステムが問題を起こしているわけではない」と居直りました。

都内のクリニック院長の「今後、健康保険証が廃止されてしまったら、診療が受けられず困る患者が急増する」という訴えも紹介。「一度、立ち止まるという考えはないのか」とただされましたが、河野氏はこれにも「必要な総点検はおこなっている」とし、「メリットをしっかりと訴えていく必要はある」というだけです。

河野氏は1日、朝日系「羽鳥慎一モーニングショー」にも生出演。羽鳥氏が「(従来の保険証との) 併用というのは無理なんですか」と尋ねると、河野氏は「そこはマイナ保険証でやっていくことにしたい」。同局社員の玉川徹氏が、「トラブルが続いたとしても、来年の秋に (健康保険証を) 廃止というのは、見直さないということですか」と質問。河野氏は、「絶対、大きなトラブルが起きたときにどうか、それは厚労省が判断されると思いますが……」と責任転嫁しつつ、「来年秋に向けて一つ一つトラブルの原因を取り除いている。それに間に合うタイミングでシステムを動かすことができると思っています」。

関係者の指摘や批判に真摯(しんし)に向き合おうとせず、マイナ保険証に固執する……。〝命にかかわる人違い〟に河野氏は責任が取れるのか。

（レーダー　2023年6月3日）

ウクライナ　戦況報道だけでいいのか

ロシアのウクライナ侵略からまもなく500日。テレビは、相変わらず防衛研究所幹部らを登場させ、もっぱら戦況報道が続いています。13日の番組表を見ても、「ゼレンスキー氏が狙う戦果とタイムリミット」「ウ軍が狙う戦争の革新ドローン計画とは」など。12日のNHKテレビ「ニュースウオッチ9」も「ウクライナの反転攻勢は？」と報じ、NATO（北大西洋条約機構）の大規模空軍演習に日本もオブザーバー参加することなどを伝えました。でもこうした報道姿勢でいいのか。

11日のTBS系「サンデーモーニング」は冒頭、ウクライナ南部ヘルソン州の巨大ダム破壊と〝反転攻勢〟の動きを紹介しましたが、各コメンテーターは、平和への思いを語りました。

経済評論家の寺島実郎さんは、「第３次世界大戦の引き金を引いたらとんでもないことになる」と指摘。「日本としてやらなければならないことは、停戦とか和平という動きに対して、その問題意識を持って進むということを（世界に）見せないといけない。武力をもって紛争解決の手段としないという憲法を国是としている国なんですから。戦況の状況だけで、この問題を右往左往してはいけない」と強調しました。

弁護士の三輪記子（ふさ）さんは、「一般市民が犠牲になることに慣れてしまうことが、すごく怖いですね。戦争が始まると、最終的に一般市民も傷つくんだということを言い続けないといけない」。

「子どもにウクライナで教育を受けさせたい」と言っていたアルメニアに避難しているヘルソンの友人が、今はそういうことを言わなくなったと紹介したピースボート共同代表の畠山澄子さんは「一般の人たちにとって戦争がここまで長期化するということは、一つひとつのささやかな希望が次つぎと失われていくことだとしみじみ感じます」。

戦況を分析、解説するのではなく、「平和的解決を」「外交努力を」という世論をつくることこそ報道の責務ではないのか。

（レーダー　２０２３年６月14日）

政府・東電の広報でいいのか

東京電力福島第1原発の「処理水」を海洋放出する計画について、国際原子力機関（IAEA）が4日、「安全性」に関する報告書を政府に提出したことについて、同日夜の各テレビニュースはそれぞれ伝えました。

ところが、「放出いつ？　カギ握る情報発信」（日本系「news zero」）などと、放射能汚染水の海洋放出が既定路線のように報じたことには首をかしげざるを得ません。

NHK「ニュースウオッチ9」は、IAEAの報告書の内容を紹介。「政府は夏ごろから放出を始める方針で、放出準備の工事は完了しており、放出開始に向けた準備は最終段階に入ります」と、まるで、政府広報のよう。岸田文雄首相が「報告書を踏まえて、ていねいに説明を行っていきたい」と述べたことを前提に、田中正良キャスターは「ていねいに説明を続けてほしい」。首相がこれまで何の問題にしろ「ていねいに」説明をしてきたことがあったのか。

一方、TBS系「news23」は、政府と東電が2015年8月に福島県漁連に「処理水は関係者の理解なしにはいかなる処分も行わない」と約束していることにふれ、福島県いわき市で漁業を営む三浦孝一さんの「漁業者の理解は進んでいない。うそをつかないでほしい」という言葉を紹介しました。

驚いたのは、同番組の取材に答えた東電廃炉推進カンパニーの小野明プレジデントの言葉。「理解という言葉は難しい言葉だと思っていて、一人ひとりの受け止め方だと思う」「東電が主体的に（理解とは）こういう定義だと決めるものではない」。小川彩佳キャスターは「何をもって関係者の理解を得られたと判断するのか、疑問を感じている」とのべました。

これを受け、テレビユー福島の木田修作記者は、「放出後の漁業の姿が全く見えない。（漁業者の）子や孫が漁業を続けられるのか、わからないのが現状」と指摘。「放出を前提に理解を求めるのは無理な話」として、（放出の）設備面の準備だけを進めることは、「不信感を生み出す。解決にほど遠い」と強調しました。

漁業者はじめ国内外の反対は強い。「首相は処理水の決断急げ」（「産経」５日付主張）とあおったり、政府や東電の〝広報〟をするのがメディアの仕事ではないはずです。

（レーダー　２０２３年７月６日）

岸田首相を呼び捨て

「岸田をここに呼びつけて、教育を受けさせなさい」。統一協会（世界平和統一家庭連合）のトップ、韓鶴子（ハン・ハクチャ）総裁が岸田文雄首相を呼び捨てにしていたことがテレビニュースで報じられました。

韓総裁は6月下旬、日本の幹部や信者を前に演説。「今の日本の政治家たちは、われわれに対して何たる仕打ちなの。家庭連合を追い詰めているじゃない」と訴えました。そして冒頭の発言になりました。

統一協会は、選挙で多くの自民党政治家を支援し、政治家はその見返りに統一協会や関連団体のイベントに参加してきました。自民党の不十分な調査でも、所属国会議員379人のうち、179人に統一協会と接点がありました。

韓総裁としては、「それなのに、何だ」という気持ちなのでしょう。それにしても政府・自民党の反応の鈍いこと。なぜか――。

教団票の差配に関与した疑いのある細田博之衆院議長は、公の場での説明をいまだにしないまま。関連団体のイベントで「一緒に日本を神様の国にしましょう」と講演した萩生田光一氏は自民党政調会長の要職にとどまっています。あやふやな説明を続け、更迭された山際大志郎前経済再生相は「関与を断つ」と申告しただけで、次期総選挙の自民党公認を得ました。

9日のＴＢＳ系「サンデーモーニング」で、ジャーナリストの松原耕二氏は、「政治家のからみでいうと、大物は語っていないし、一般の国会議員は点検という名の自己申告のみ。地方議員はほぼメスが入っていない」として、「われわれメディアも節目節目で報道し続けることがとても大事だと思う」とのべました。

自民党政治家が統一協会と密接な関係を築き、「広告塔」となって、お墨付きを与えたことが被害拡大につながりました。自民党総裁でもある岸田首相がこの問題を「もう終わったこと」としてしまうことは許されません。

（レーダー　２０２３年７月14日）

〝やってる感〟演出でいいのか

トラブル続発のマイナンバー制度への不信などで内閣支持率が下落、岸田文雄首相は「原点に返って国民の声を聞く」とかいって、7月下旬から全国行脚を始めました。テレビニュースは、NHKを先頭にそのつど岸田首相が視察する様子や関係者にかけた声を紹介、「○○する考えを示しました」などと首相の「やってる感」演出に手を貸しています。

30日のTBS系「サンデーモーニング」は、政府が来年秋に現在の健康保険証を廃止してマイナンバーカードに一本化する方針について、「保険証廃止　与党から異論も」と題して報道。首相が28日、東京・大田区の複合福祉施設を視察した後、「移行のありかたについては、引き続き関係者の声や意見をうかがっていきたい」という発言を伝えました。

注目するのはここからがほかの番組と違うことです。

意見を求められたジャーナリストの青木理さんは、マイナ保険証を持たない人に申請がなくても資格証明書をプッシュ型で出すと言ったり、しかも1年といっていたのを複数年にすると言ったり、高齢者や認知症の人は暗証番号が管理できないと不安が出て、暗証番号なしで発行しようと言い出していることを指摘。「だったら、(現行の)保険証でいいんじゃないですかという話になっている。いったい何のためにやっているんですか」と強調しました。

さらに、「行政のデジタル化によって便利になる」と政府が主張しているのに、情報公開請求をオンラインで申請できる行政機関は二つしかないことを指摘。「つまり統治する側は国民、市民の情報を串刺しにできて便利になるが、統治される側の情報をとる行政のデジタル化はほとんど進んでいない。それで市民、国民と政府が信頼関係が結べますかといったら、とても無理」とのべ、「マイナンバー制度、マイナンバーカードの根本的なありよう、問題点に目をこらすべきではないかという気がする」としました。

豪雨災害の被災地視察は2週間以上もたってのことだし、今さら「国民の声を聞く」と言い出した首相の動向を無批判に垂れ流すのではなく、テレビは政権の政策をきちんとチェックするべきです。

（レーダー　2023年8月2日）

「別班」暴いた「赤旗」

ＴＢＳ系ドラマの日曜劇場「ＶＩＶＡＮＴ」が豪華なキャストなどで話題になっていますが、気になるのは「別班」という組織です。

作中、警視庁公安部外事課の野崎（阿部寛）が、「別班」について「政府非公認の公には公表されていない、自衛隊の影の諜報（ちょうほう）部隊であり、日本へのあらゆる攻撃から守るために最も適した存在と噂されている。だが、その存在は事実だ」と語りました。

じつは、この「別班」の存在は１９７７年、日本共産党国会議員団調査チーム（団長・上田耕一郎参院議員）と「赤旗」特捜班が、2年がかりの調査によって私服の自衛隊秘密謀略組織、陸上自衛隊幕僚監部第二部別班（陸幕二部別班＝ＪＣＩＡ）として暴露、明らかにしました。ＣＩＡの日本版です。

追及のきっかけは、75年2月11日、東京・練馬区の共産党・松本善明衆院議員宅に舞い込んだ一通の手紙でした。「私は嘘と偽の充満した自衛隊の内幕を報告して先生の力で政治的に解決して頂きたいのでこの手紙を書きます」との書き出しで始まり、「自衛隊にＪＣＩＡはないと内局の者供がいっていますが、それは嘘です。陸幕二部別班はＪＣＩＡです」と具体的な名称をあげていました。さらに、その陸幕二部別班の別班長の名前、人数（24人）や仕事の内容にまでふれ、「私たちはアメリカの陸軍第五〇〇部隊（情報部隊）と一緒に座間キャンプのなかで仕事をしています。仕事の内容は、共産圏諸国の情報を取ること、共産党を始め野党の情報を取ることの二つです」とつづられていました。

「仕事の内容は家族にも言えず毎日が暗い日々です」「興信所や法律事務所などの看板を出しています」「私たちがここで仕事をしていることは一般の自衛官は幹部でも知りません、長官や陸幕長も知らないと思います」とも。

この手紙を手がかりに〝探索の旅〟が続き、その成果は、「赤旗」連載後、『影の軍隊』（新日本出版社、78年8月）として結実。白昼の東京で韓国の野党指導者を拉致するという日本の主権を公然と踏みにじった金大中（のち韓国大統領）事件（73年8月）への関与など二部別班は、まさに「影の軍隊」です。

その後、2013年11月、共同通信が、陸自の秘密情報部隊「別班」が冷戦時代から独断で海外での情報活動をしていたことが分かったと報道。菅義偉官房長官（当時）は、「報道にあるような組織は、自衛隊に存在していないし、現在も存在していない」と記者会見で否定しました。

ドラマでは、乃木（堺雅人）ら「別班」メンバーが「国家の危機を未然に防ぐため」として、殺人や拷問など暴力を繰り返しています。一方、野崎は「最後にけりをつけるのはわれわれ（表の）公安ですよ」と語り、違法行為を競い合っています。ドラマとはいえ、「別班」、公安を美化して、あたかも正義の組織であるかのように描くのはいかがなものか。

（レーダー　2023年9月6日）

ガソリンスタンド きょうから『日曜休業法』その陰に油政連の献金攻勢

（1982年10月3日付）

きょうから「日曜休業法」

ガソリンスタンド

その陰に油政連の献金攻勢

法改定前後 自、社、民、クに

1982年8月、2年ほど単身赴任していた関西総局から社会部に復帰。しばらくして、「ガソリンスタンドの日曜休業は営業の自由を奪う」という中小業者の運動を取材しました。ガソリンスタンドの「日曜休業」というのは、業者をいくつかのグループに分け、輪番制で一部のスタンドだけ、休日に営業させる以外は、日曜営業を禁止するというもの。73年の第一次石油ショックを機に、ガソリン消費を抑えるために、通産省（当時）の行政指導という形で実施されていましたが、81年6月、衆院商工委員会の日本共産党を除く各党委員による議員立法で、衆参両院合わせてわずか4日間審議しただけで「揮発油販売業法」が「改正」され、82年10月から施行されることになっていました。

この法「改正」は、全国石油商業組合連合会(全石連)がすすめたもので、81年の政治資金収支報告書を調べると、全石連の政治団体「全国石油政治連盟」(油政連)が、法「改正」前後に、自民党の政治資金団体「国民政治協会」に7000万円はじめ、自民党の商工族、社会党、民社党、新自由クラブの本部、議員らに献金攻勢をかけていることがわかりました。

大手業者とちがって、中小零細業者は休日の売り上げが平日の2倍になるなど休日が勝負。反対運動が広がり、「ガソリンスタンドの日曜休業に反対する会」の調査によると、一回目の10月3日に「日曜営業」したスタンドは全国で300店を超え、各地の通産局も「勧告」が出せませんでした。

「反対の会」の山口武男代表は、「ここまで運動が広がったのは、共産党の議員さんに出会えたからです。〝営業の自由を奪うものだ〟という国会質問の議事録は、われわれの〝教科書〟になっているんです」と話してくれました。そして、油政連からカネを受け取っていた政治家たちを「アブラムシ議員」と言っていました。

政治をカネの力でゆがめる動きは、今も変わりません。

中曽根首相　4日に1回料亭通い
財界人と夜な夜な密談
（1984年3月4日付）

中曽根首相　4日に1回　料亭通い
財界人と夜な夜な密談
この一年　赤坂、築地へ
参院選、田中判決前は急増

82年11月、鈴木善幸内閣の後を受けて発足した中曽根康弘内閣は、ロッキード事件の刑事被告人、田中角栄元首相の力で政権につき、「角影内閣」といわれましたが、「戦後政治の総決算」を掲げ、アメリカの核先制使用の容認、軍事費の「対GDP比1％枠」の撤廃に言及し、軍拡推進路線を打ち出しました。

一方で、83年5月、「新行革大綱」を決定し、6月には経団連名誉会長の土光敏夫氏を会長とする「臨時行政改革推進審議会」を発足させ、社会保障は「自立・自助」にゆだねるとして、医療・年金などの制度改悪を次々と強行しました。

中小派閥を率い、政権基盤の弱い中曽根氏は、財界人とのパイプづくりに腐心していました。新聞各紙の首相の動静を伝える欄を政権についてからの1年分を調べてみると、財界人らと料亭などで4日に1回の割合で密談をしていたことがわかりました。財界人の集まりは「清康会」「吉兆会」など12にのぼり、中曽根氏が、誰と相談し、誰のための政治をしているのかが浮き彫りになりました。

その後、歴代首相の財界人らとの飲み食いの場所は、料亭政治との批判もあってか、高級ホテルに変わりましたが、実態は変わっていません。

国有地再開発推進の中心企業
中曽根首相政治団体に890万円

（1983年11月26日付）

東京のＪＲ山手線外回り、新大久保駅を出て、すぐ左側に西戸山タワーホウムズが見えます。南にある「東京グローブ座」とあわせて、かつては、西戸山国家公務員宿舎（3〜4階建て、約400戸）がありました。

ここが、中曽根康弘首相（当時）の利権の場となったのです。「民間活力の導入」のかけ声のもと、国民の大事な共有財産である国有地を払い下げ、再開発したものですが、中曽根首相が83年6月、大蔵省（当時）理財局長に指示したことから始まりました。理財局長は8月に私的諮問機関「公務員宿舎問題研究会」を発足させ、研究会は9月、新宿・西戸山をモデルケースとする答申を出し、12月には、事業主体として新宿西戸山開発株式会社（社長＝中田乙一・三菱地所会長、大手不動産など56社が出資）が設立されました。

問題は、中曽根氏の政治団体に82年だけで計890万円もの献金をしていた「東京興産」（資本金1億2000万円）の社長が、研究会の専門部会のメンバーに加わり、開発会社の取締役に大手不動産業者の役員らとともに名前を連らね、東京興産の専務が代表取締役・専務に就任したこと。日本共産党の安武洋子参院議員が84年3月28日の参院予算委員会で、「開発事業の受け皿となる新会社の中枢に、首相の政治団体に多額の献金をしている会社が座り、民間活力に名を借りた〝中曽根活力〟ではないか」と厳しく追及しました。

安武質問は〝民活〟疑惑の核心をつき、中曽根氏の政治団体は質問のわずか2日後に東京興産からの献金の一部215万円を返還しました。『月刊Ａｓａｈｉ』（6月号）は安武質問と献金が返却されたことにふれたあと、「それが即、刑法のいう贈収賄関係とは思わない。しかし浮かんでくるのは、密雲に包まれたあの『花園』構造である」と書きました。

政官財の癒着、いわば〝花園〟構造、そして時の首相、国有地、理財局長という取り合わせは、安倍晋三元首相の森友問題を想起させます。

「思想犯」をボルネオに島流し
治安維持法下
東条内閣が極秘裏に

（1984年5月14日付）

「思想犯で島流し」私も体験

茨城の山崎さん

政党法にただよう
治安維持法の危険

こき使われ、6人が死んだ

判明した30人

戦時中、時の東条英機内閣が治安維持法違反で検挙歴のある「思想犯前歴者」を集め、「司法省派遣図南奉公義勇隊」という名目で、占領下の南方諸島に事実上の島流しをしていた新事実が、治安維持法犠牲者国家賠償要求同盟の調べで明らかになりました（1面、社会面で報道）。

1942年7月の閣議決定「思想犯前歴者ノ措置」にもとづくもので、これまで、適当な島がなく、実現しなかったと推定されてきましたが、治維法同盟の機関紙「不屈」紙上で、体験者がその体験を発表、同盟の各都道府県支部が調査に協力、ボルネオに島流しされた隊員30人の名前、出身地などがわかりました。

同盟の調査に協力しました。その一人、茨城県水海道市（現常総市）の山崎淳さんは、治安維持法違反で計2年10ヵ月、刑務所に入れられた後、保護観察処分となりましたが、つねに特高や憲兵に監視され、親類からも白眼視されるなか、思想犯保護観察所から「どうだ、南方に行かないか」といわれ、義勇隊に応じました。「思想犯を野放しにしておくと、何をするかわからない、反戦運動に走らせまい、という支配階級の考えがあったんでしょう」と取材に語りました。

原始林の伐採や開墾に当たり、戦況が悪化すると、現地召集で兵隊にさせられ、判明しているだけで病死を含めて6人が命を落としました。3次まで計画されましたが、第2次はフィリピン沖で米潜水艦に撃沈され、9人が死亡しました。

日本共産党の林百郎衆院議員が84年7月4日に続いて、8月1日の法務委員会で、「この問題を再三取り上げるのは、再びあのような戦争をしてはならないし、戦争に反対した人たちに、償いをするのは当然だと考えるからだ」と質問しました。

当時、中曽根内閣は治安維持法の現代版「政党法」で、政治を変えようとする国民の権利を奪おうとしていました。山崎さんは「私たちの二の舞はゴメン」と話しました。繰り返してはならない歴史です。

国家機密法の旗ふり役
「勝共」から活動費もらったり役員に就任
自民、新自クこんな人が都議選にゾロゾロ

（1985年6月2日付）

自民　新自ク

こんな人が都議選にゾロゾロ

国家機密法の旗ふり役

「勝共」から活動費もらったり役員に就任

2022年7月、安倍晋三元首相が銃撃され死亡、その後、自民党と旧統一協会（世界平和統一家庭連合）をめぐる関係が大きな問題になりましたが、日本共産党と「しんぶん赤旗」は早くから、「反共」の一点で、癒着を深める両者の関係を取り上げてきました。

この記事は、85年の都議選を前に、「スパイ防止」を口実の国民

の知る権利を圧殺しようとする国家機密法案の旗ふり役を務めている国際勝共連合（統一協会）と深い関わりを持つ都議・都議候補を調べたもの。勝共連合の行政区段階の支部長を務めたり、活動費を受け取っている政治家もいました。

インドシナ難民救済をかたったニセ募金や大理石のツボや印鑑を法外な価格で売りつけるインチキ商法が社会問題になっていたにもかかわらず、関連団体の集会などで挨拶するなど、市民権を与え、被害拡大に手を貸してきた責任は重大です。

自民党は、22年9月、所属国会議員の教団との関係について「点検」、衆参両院議長をのぞく379人のうち、179人に接点があったと公表しましたが、岸田文雄内閣で、事実上閣僚を更迭された山際大志郎元経済再生相が、23年6月、自民党の支部長に復帰したり、23年9月の岸田再改造内閣の自民党人事で、関連団体のイベントで「一緒に日本を神様の国にしましょう」と講演した萩生田光一政調会長が十分な説明をすることなく、留任するなどしています。教団側の掲げる政策への賛同を求める「推薦確認書」に応じた政治家もいます。

岸田首相が自民党政調会長時代の19年10月に自民党本部でギングリッチ元米下院議長と面会した際、統一教会の関係団体「天宙平和連合ジャパン」の梶栗正義議長が同席していたことが明らかになりました。自民党と統一教会の癒着の全体像を明らかにすることは、日本の民主主義にとって、あいまいにできない重要な課題です。

NHKは国家機密法の報道に勇気を　NHK元社会部長〝遺稿〟の訴えるもの

（1987年5月13日付）

NHK元社会部長〝遺稿〟の訴えるもの

社会リポート

NHKは国家機密法の報道に勇気を

存在理由を問う試金石である…

中曽根内閣が、国会に提出した「スパイ防止」を口実に、防衛や外交にかかわる問題を「国家機密」とし、国民の「知る権利」を奪う国家機密法案は、1985年6月、国民の反対世論の高まりによって、成立を許しませんでしたが、再上程が企まれていました。

そんなとき、元NHK社会部長の神戸（ごうど）四郎さんが、87年5月、「NHKへのアピール」「NHK

に情報公開を求む」との〝遺稿〟を残して自殺するという痛ましいできごとがありました。国家機密法案の危険性を積極的に伝えようとしないことなど、ＮＨＫの報道姿勢に危機感を持ってのものでした。

「死」をもって訴えたかったことは、何だったのか。神戸さんのご自宅を訪れ、遺族や関係者の好意で、〝遺稿〟を読ませていただき、紙面で紹介することができました。

２００字詰め原稿用紙で35枚におよぶ「ＮＨＫへのアピール」は、挿入や削除が随所に見られ、最後まで推敲が重ねられたあとがうかがわれました。「アピール」は、「ＮＨＫの前身である社団法人日本放送協会は国民の受信料によって支えられながら国の出先機関と化し、国民を無謀な戦争へとかり立てて行った。ＮＨＫはその誤りを二度と繰り返してはならない」という言葉で結んでいました。

神戸さんは、定年後に書いた『ＮＨＫ社会部記者』（朝日新聞社、86年3月）のなかで、「私は巨大化したＮＨＫがますます政治権力に迎合していく危惧を感じる」と指摘していました。いまＮＨＫの政治報道が、政権監視ではなく、政権側の広報機関のようになっているだけに、改めて、〝戦前の誤り、繰り返すな〟という指摘の重さを感じざるをえません。

許すな 土地暴騰

国土審会長が地上げの旗ふり?!

自ら会長の住友不動産

無免許ダミー会社を使い

都心に9千平方メートル 3年で地価6.2倍に

国土審会長が地上げの旗ふり!?
自ら会長の住友不動産
無免許ダミー会社を使い
（1987年11月20日付）

バブル経済のもと、異常な不動産価格の高騰がつづき、地上げ、底地買いなど、庶民が長年、住み慣れた街から追い出される事態が続出しました。「許すな　土地暴騰」というキャンペーンに取り組みました。

その見出しをいくつか拾ってみると、「あくどすぎます　富士銀」「商工中金が地上げ融資」「大企業が住民追い出し　都庁移転予定地」「〝中曽根民活〟の影響をもろに　周辺地価は4年で3倍　国有地払い下げ1号・西戸山ホームズ」「フジタ工業が〝部屋転がし〟赤坂のライオンズマンション」「農林中金子会社が巨額融資　320平方メートルの土地に25億円」……。

大手金融機関や大企業の悪どさが浮かび上がってきます。

とりあげた記事は、日本共産党東京都委員会の調査にもとづき、中島武敏衆院議員が国会で取り上げたもの。日本高層住宅協会理事長で国土審議会の会長を務める安藤太郎氏が代表取締役会長の住友不動産が、宅地建物取引業の免許を持たないダミー会社を使って、都心で大がかりな地上げをおこなっている実態を暴露しました。

ダミー会社は「泉土地建物」「泉エンタープライズ」など、いずれも「泉」の字がついているのは、住友グループの屋号「泉屋」にちなむもの。それにしても、業界の模範となるべき国土審議会の会長会社が、庶民をいじめて金もうけに走るのが、この国の後進性のあらわれです。

ちなみに、「不動産業界で献金攻勢　自公民政治家70人に」（10月29日付）、「これで地価抑えられるの？　竹下新内閣の閣僚11人　不動産業界から献金」（11月7日付）という記事も書きました。古くて新しい問題です。

リクルート コスモス株 宮沢蔵相本人ら9人に

共産党が新リスト公表

ドウ・ベスト社引き受けの8万株

蔵相、首相の答弁と矛盾

菅原ドウ・ベスト社長ら5氏喚問を 上田副委員長が要求

「大臣の名前は貸した」 宮沢蔵相、会見で弁解

リクルートコスモス株 宮沢蔵相本人ら9人に（1988年10月12日付）

リクルートの子会社リクルートコスモスの値上がり確実の未公開株が、江副浩正氏によって、政財官界、マスコミ幹部にばらまかれ、竹下登首相の退陣にまでつながった大疑獄、リクルート事件。自民党は、消費税導入を企み、自分たちは「濡れ手で粟」の大もうけ、と国民の怒りは高まり、文字通り、列島騒然となりました。

そんなとき、日本共産党の正森成二衆院議員のもとに、「リクルートコスモス社の株式譲渡内訳」と記されたリストとともに、「自由民主党及び政府首脳の態度と江副浩正の取った卑劣な行為等に対して許すまじく正義の天誅を」と、内部告発の手紙が郵送されてきました。リストには、宮沢喜一蔵相本人はじめ、竹下首相や中曽根康弘前首相、安倍晋太郎幹事長らの秘書の名前が記載されており、その後の真相解明に大きな力となりました。

政治家で起訴され、有罪となったのは、藤波孝生元官房長官と公明党の池田克也衆院議員だけでしたが、リクルート疑惑の本命は、スーパーコンピュータ導入問題、江副氏の税調特別委員はじめ各種審議会委員の任命など、秘書3人の名義で2万9千株と譲渡株数が最も多かった中曽根氏でした。

このころ書いたリクルート疑惑追及関連の記事の中に、「安倍、宮沢側が87年に リ社に総裁選資金ねだる」（89年12月7日付）もありました。安倍、宮沢両氏の秘書らがリクルート事件に関連して政治資金規正法違反に問われた事件（罰金20万円の略式命令）の裁判記録を、東京地検で閲覧したもので、「ポスト中曽根」を争った安倍、宮沢両氏が江副氏に総裁選資金をねだり、5000万円が提供されていたのです。秘書の供述調書によると、「全国8カ所で開く国民対話集会で7〜8億円は必要だが、『表』の資金ではまかなえない」（安倍氏秘書）、「総裁選のために自民党代議士に配る裏工作資金がほしかった」（宮沢氏秘書）などとのべています。

カネで自民党総裁のイス、ひいては首相の座を買う、そのカネを企業にたかる……自民党の金権・腐敗の奥深さを改めて感じさせられます。

リゾート開発と自治体 大企業主役に 地元は潤わず

（1990年10月9日付）

大企業主役に
地元は潤わず
リゾート開発と自治体 栃木県にみる
他人の力で施設を拡充
地域の活性化になるか
金と土地は市町村が提供
自治体が企業の下請けは問題

このころ、日本列島をリゾート開発のあらしが吹き荒れていました。世界に誇る独特の景観・風土を持つ美しい日本列島の自然が、大企業のもうけ本位のリゾート開発で大きく壊されようとしていました。栃木県にその実態を検証しました。

87年5月に成立したリゾート法（総合保養地域整備法）のもとで、すすめられているものですが、同法案は、衆参両院、それぞれ1日というスピード審議の結果、日本共産党だけの反対で成立しました。日本共産党を除いた与野党協議で、売上税廃止と引き換えに他の法案を一括して通す取引がおこなわれたためでした。日本共産党の上田耕一郎議員は、参院建設委員会で、ただ一人、反対討論に立ちました。「リゾート開発を新たなもうけ口としてねらう大手不動産業者や鉄鋼、造船などの構造不況業種の大企業の戦略に奉仕する」「再び土地買い占め、地価上昇を招かざるを得ない」「関係自治体に多大の財政負担を押しつけ、現在の困難な地方財政をより深刻なものとする」と、明解です。

上田議員の指摘の正しさと先見性は、その後の事態の進行のなかで、残念ながら証明されました。上田氏は、次のように反対討論を終えていました。

「先進諸国に比べて著しく遅れている都市公園の整備や日常生活圏において、いつでも安く利用できる身近なスポーツ施設、レクリエーション施設の整備拡充こそ強力に推進すべきである」

いま大阪では「日本維新の会」が主導して大阪市此花区の人工島「夢洲（ゆめしま）」にすすめる大阪・関西万博が大問題になっています。カジノを中核とした統合型リゾート（ＩＲ）につながるインフラ整備の総額は約９・７兆円にのぼることも判明しました。巨額な税金が〝賭博〟のために投入されることは許されません。身近なスポーツ施設、レクリエーション施設の整備拡充こそ求められています。

金丸資金 佐川の5億円どうした？
（赤旗日曜版1992年9月20日号）

透明度1けたの向こうをみた！

金丸資金 佐川の5億円どうした？

金丸サンの政治活動は飲み食い？

	回数	金額
89年	30回	2078万5033円(18.8%)
90年	54回	2176万6115円(17.2%)
91年	65回	3297万3209円(16.5%)

（注）新国土開発研究会の政治資金収支報告書から作成。組織活動費のうち、会合費と交際費の飲食代、食事代の合計。カッコ内の%は、支出総額に占める割合。

金丸氏の政治団体「新国土開発研究会」の所在地にいくと……東京・港区赤坂

金丸サンの好きな料亭ベスト5

	回数	金額
重箱	8回	87万5597円
吉兆	7回	720万1056円
藍亭	5回	308万4870円
さくま	5回	220万9048円
竹本	5回	188万5434円

（注）新国土開発研究会など金丸氏系の三政治団体の89〜91年の政治資金収支報告書から作成。

写真は料亭「吉兆」（東京・中央区）―左―と「藍亭」（同千代田区）―右

1992年7月の参院選後、東京佐川急便事件の裁判で、竹下政権の成立の際、自民党副総裁だった金丸信氏らが佐川急便からの裏金と暴力団の力を借りたという、驚くべき反社会的行為と民主主義の根幹にかかわる疑惑が表面化しました。金丸氏は、佐川急便からの5億円の献金を認めて副総裁を辞任し、同年10月には議員辞職しました。

当時、日曜版記者でした。金丸氏関連の三つの政治団体の政治資金収支報告書で佐川からの5億円の痕跡を調べたのですが、佐川グループの「佐」の字も、元東京佐川社長の渡辺広康被告の「渡」の字も出てこなかったという記事です。しかも、三つの政治団体は、「主たる事務所」の所在地を訪ねると、マンションの一室だったり、後援企業の応接室だったり、いずれも幽霊団体というべきものでした。国民に隠れて何をやっているのか、金権腐敗政治の実態を浮き彫りにしました。

リクルート事件、宮沢内閣のもとでの鉄骨加工メーカー「共和」からの資金提供疑惑に続く、この佐川・暴力団疑惑と、相次ぐ金権腐敗に国民の批判が高まり、93年の総選挙で自民党が過半数を割り、細川連立政権が誕生しましたが、首相になった細川護熙氏にも佐川グループとの深いつながりがありました。

赤旗編集局の金権・腐敗問題追及取材チームの一員として、細川氏が知事だった熊本県に、日本共産党国会議員団とともに何度も訪れるなどしましたが、一連の細川・佐川マネー疑惑の調査、追及が、「多くのマスコミが細川人気をあおるなかで、いち早く細川疑惑に焦点をあて､疑惑の実態を克明かつ系統的に明らかにしてきた」として､日本ジャーナリスト会議(JCJ）から94年度の優れたジャーナリスト活動として評価されJCJ奨励賞を受賞したことは、忘れられない思い出です。

医師会政治団体が〝献金〟強要

（1996年8月28日付）

医師会政治団体が〝献金〟強要

断れない私は意気地なし？

嘆きの投書、反発の声も

ある団体が特定の政党の支持や寄付を構成員に強制することは、憲法で認められた思想・信条の自由を侵害することになります。ところが、実際には多くの団体で、自民党の支持や党員集めなどを強制することが横行していました。

記事は、日本医師会の政治団体である日本医師連盟が医師会の会員に対して、自民党などへの政治献金となる連盟会費の振り込みを督促していたことが、入手した文書でわかったというもの。医師会の会費と一括で連盟会費を否応なしに徴収していたのが、政治資金規正法の改正にともなってできなくなったので、別に個人預金口座をつくってもらい、そこから連盟会費を引き落とすというやり方でした。

日本医師連盟は、東京・文京区の日本医師会館内に事務所を置く〝一心同体〟の政治団体で、毎年巨額な献金を自民党の政治資金団体である国民政治協会におこなうほか、選挙では自民党候補に陣中見舞いなどをおこなっています。

こうした構成員の政党支持の自由、思想・信条の自由を侵すことは、日本歯科医師会、日本薬剤師会などでもみられ、鹿児島など5県の歯科医師10人が、日本歯科医師連盟（日歯連）の退会を認めないのは、「思想・信条の自由を侵害する」と訴えるなど、大きな問題となりました。青森市内の薬剤師3人が95年の参院選で、日本薬剤師連盟が支持する自民党の候補（石井道子元環境庁長官、5位で当選）を自民党比例代表の名簿上位にするため、会員を自民党員にすることを理事会で決定し、断りなく自民党に入党させられたとして、同連盟を相手取り300万円の損害賠償を求めていた裁判では、青森地裁が98年10月、「どの政党を支持し、どの候補を選択するかは投票の自由と不可分のものであり、個人が自主的に判断すべきこと」と、150万円を支払うよう命じる判決を出しました。

当然の判決ですが、2023年9月に発足した第2次岸田再改造内閣で、日本医師連盟の組織内候補で、連盟から多額の献金を受けとっている武見敬三厚生労働相（父親は元日本医師会会長の故武見太郎氏）、自見英子（はなこ）地方創生、沖縄・北方、万博担当相が入閣するなど、自民党とこれら団体との癒着はいまなお続いています。

徹底追及　公共事業このむだ遣い
北海道・千歳川放水路計画
（１９９７年８月17日付）

徹底追及 公共事業このむだ遣い

湿原・ウトナイ湖まで消失させてしまう

北海道 千歳川放水路計画

事業発表からすでに15年

調査だけで200億円が消えた

別の治水対策求める

自然保護団体や漁業団体

局面切り開く提案、質問

日本共産党

15年間だまされていた。

ルート予定地の住民

１９９０年代に入って、ゼネコン奉仕・浪費型の公共事業がすすめられ、問題となりました。その背景には、アメリカの要求もありました。90年6月の「日米構造協議」で、海部内閣はＧＮＰ（国民総生産）の10％の公共事業というアメリカの要求に屈して、総額４３０兆円もの「公共投資基本計画」（91〜２０００年度）を約束しました。これは「公共事業に50兆円、社会保障に20兆円」という〝逆立ち財政〟をもたらし、財政危機の大きな要因のひとつになりました。94年6月の自民、社会、さきがけの村山内閣は、同計画（95〜2004年度）を630兆円に積み増しました。

こうしたなか、全国各地でゼネコン奉仕、住民無視の大型公共事業に反対の運動も広がりました。記事で取り上げた千歳川放水路計画は、自然保護団体や漁業団体が放水路に代わる治水対策の検討を求めるなどし、日本共産党の児玉健次衆院議員も予算委員会で、北海道開発局の「はじめの放水路ありき」の姿勢を批判、関係者の合意を得られる事業計画を求めました。その結果、北海道は、99年11月、計画の中止を決めました。

住民無視、むだな公共事業は、大阪の万博、カジノ計画など、いまなお後を絶ちません。

電力役員　横並び献金
自民に9社で3500万円
（2002年9月13日付）

電力役員　横並び献金

政治資金収支報告書

自民に9社で3500万円
業界献金の疑い濃厚

電力会社役員の国民政治協会への献金

会社	人数	献金額
東京電力	34人	516万円
中部電力	37人	516万円
関西電力	34人	420万円
中国電力	21人	311.5万円
北陸電力	18人	297.2万円
東北電力	24人	436万円
四国電力	24人	347万円
九州電力	19人	284万円
北海道電力	21人	326万円

電力業界はかつて金融、鉄鋼とともに〝献金御三家〟といわれ、自民党側に毎年巨額な献金をおこない、原発推進など多大な影響力を発揮してきました。それが石油ショック時の料金大幅引き上げを機に「公益事業者として特定政党に献金するのは問題だ」と批判が高まり、１９７４年以降、企業としての献金をやめてきました。

ところが、裏では、役員が自民党の政治資金団体「国民政治協会」にせっせと、個人献金をしていたのです。各電力会社に共通しているのは、会長、社長、副社長、常務、取締役と役職によって献金額にランク付けがあること。きわめて組織的で、事実上の企業献金です。この記事では、電力業界の監督官庁である旧通産省ＯＢの自民党の佐藤剛男衆院議員（福島1区）の政治資金集めパーティーで、東京電力が１７０万円、東北電力が２００万円分のパーティー券を購入していたことも明らかにしています。

一方、電力会社の労働組合である電力総連（全国電力関連産業労働組合総連合）は、参院選で国民民主党から組織内候補を擁立し、電力総連の政治団体「電力総連政治活動委員会」は同党側に多額の献金をしています。

原発再稼働や輸出に自民党だけでなく、国民民主党も積極的なのは、こうした電力業界との関係が背景にあります。

ここまでわかった長崎違法献金疑惑（2002年12月27日付）

ここまでわかった 長崎違法献金疑惑

金子知事と自民党の責任重大に

公共事業受注企業が3つのルートから

議会で言論封じ

違法献金に感覚マヒ

税金還流の流れ断ち切れ

2002年の金子原二郎氏（のち農相）が再選をめざした長崎県知事選に向け、自民党長崎県連が前年11月、ゼネコン各社に「来年は知事選もある。5000万円取りまとめてもらえないか」「金子県政4年の（受注）実績に応じて協力を」などといって集めた選挙資金が、公職選挙法違反（特定寄付の要求）などに問われた事件です。

公選法は、国や地方自治体と契約関係にある企業が国政選挙や地方選挙に関連して献金することを禁じています。また政治家の側も、寄付を勧誘、要求、受けてはならないと定めています。これは、対価性があまりにも明白で、行政をカネの力でゆがめることを防ぐための規定です。

この事件は、「政治資金」として政治資金規正法にもとづいてきちんと届け出をしていたとしても、実質的に「選挙にかかわる寄付」であれば、違法になることを明らかにしました。このため、全国各地で同じようなことをしている自民党に衝撃を与えるできごとになりました。事件発覚後、自民党が開いた全国幹事長会議（03年1月15日）では、「これが違法に当たるならどうやって政治資金を集めたらいいのか」という〝悲鳴〟があがったといいます。

ところが、公共事業受注企業から国政選挙の期間中に献金を受け取り、公選法の「特定寄付の禁止条項」をふみにじる政治家が後を断ちません。

２０２３年9月に発足した第2次岸田再改造内閣でも、高市早苗経済安全保障担当相、萩生田光一政調会長、小渕優子選対委員長などです。献金を受け取った政治家は、口裏を合わせたように「適正に処理した」と言い逃れますが、公共事業からの政治献金はいわば、税金の還流です。国民の税金である公共事業費の一部を献金として受け取る政治構造が、無駄な公共事業を続けさせる元凶であることを直視する必要があります。

麻生政調会長も別財布 企業献金 選挙区支部の1・7倍
（2003年6月12日付）

企業献金 選挙区支部の1.7倍

麻生政調会長も別財布

2支部1億円超

08年9月、首相となり、現在、自民党副総裁として岸田文雄政権を支えている麻生太郎氏。自民党政調会長時代、自分が支部長の「自民党福岡県第8選挙区支部」とは別に、「自民党福岡県窯業支部」という職域支部でも企業・団体献金を集めていたという記事です。

「窯業支部」は、麻生氏の麻生太郎筑豊事務所に同居、会計責任者は「第8選挙区支部」の事務担当者が兼任するという、まさに企業・団体献金を集めるための〝別財布〟

でした。

選挙区支部とは別の政党支部で企業・団体献金を集める「抜け道」のやり方は、記事にある伊吹文明元労相（のち衆院議長）のほか、小渕恵三元首相もおこなっていました。

あいつぐ金権・腐敗事件への批判の高まりに、「企業・団体献金をなくす」といいながら、政党支部ならＯＫと「抜け道」をつくって企業・団体献金を受け取り続け、大規模な政治資金集めパーティーを開催して事実上の企業・団体献金を受け取り、さらに政党助成金を受け取る……。自民党の最大派閥、安倍派の政治資金パーティーをめぐる裏金疑惑の捜査に東京地検特捜部が着手しただけに、「政治改革」とは何だったのかを、問い続ける必要があると痛感します。

つくって壊して4千億円
保養施設　年金財源で大ムダ遣い

（2004年1月5日付）

つくって壊して4千億円

保養施設　年金財源で大ムダづかい

グリーンピアをめぐる年金ムダづかいの構図

国民負担増は許されない

厚生労働省所管の特殊法人「年金福祉事業団」（当時）が、全国に建設した大規模年金保養施設「グリーンピア」を経営不振のため赤字に行き詰まり、二束三文で売り払うという大問題でした。

取材で訪れた鹿児島県指宿市（建設費206億円）の「グリーンピア指宿」では、ホテルの外観はあったものの傷みが目立ち、直径50メートルの大観覧車がさびつき、「百万坪の廃虚」となっていました。岐阜県恵那市の「グリーンピア恵那」（建設費99億円）は、買い手がつかないまま、

1億8000万円かけてすべて取り壊されていました。

国民の掛け金である年金を湯水のように使って、破たんしたら国民への説明もなく取り壊し、赤字を国民に押しつけ、一方で、保険料の値上げ、給付の切り下げ……。いまに続いている年金行政です。

同日付の社会面では、こうしたムダ遣いが横行した背景に、自民党厚生族議員と一体となってこの事業を推進した高級官僚の存在を指摘しました。年金福祉事業団の歴代理事長は、厚生事務次官の天下り指定席で、グリーンピア13施設のうち、「指宿」など4施設の管理・運営にあたる財団法人「年金保養協会」の歴代理事長も事務次官はじめ厚生省高級官僚OBが独占していました。そして多額の給与、退職金などの報酬を得ていました。

同年3月9日の参院予算委員会では、日本共産党の小池晃議員が、13施設のうち、8施設が歴代厚生相の地元に建設されたことを「偶然にしてはできすぎ」と取り上げました。同年5月18日の参院厚生労働委員会でグリーンピア事業の破たんについて聞かれた小泉純一郎首相は「役人の責任だといいますが、国会議員が全部欲したんです。そして、この地元にはおれが持ってきた、みんな喜んだんですよ」と平然と開き直りました。

家賃ゼロの衆参議員会館に多額の「事務所費」支出

（2007年1月3日付）

家賃ゼロの衆参議員会館に

多額の「事務所費」支出

自民・民主議員ら 18人が年1千万円超

「事務所費」1000万円以上を計上している議員

東京・永田町の国会議事堂通用門側の道路をはさんで衆参国会議員の議員会館が三つあります。この賃料のいらない自室を自分の資金管理団体の「主たる事務所」にしながら、家賃が中心で領収書のいらない「事務所費」の支出を年間1000万円以上計上している国会議員が18人もいるという記事です。

きっかけは、前年11月29日の参院政治倫理・選挙特別委員会で、日本共産党の井上哲士議員が「政治資金をガラス張りにし、透明にすることが国民の信頼を得るために必要だ」として、この問題を取り上げ、事務所費などの経費についても領収書の写しを添付して報告させるべきだ」と所管の菅義偉総務相（のち首相）に迫ったことです。

当時、政治資金収支報告書は現在のよう

に総務省のホームページで公開されておらず、同省の政治資金課に出向いて閲覧するしかありませんでした。日本共産党の議員は資金管理団体を持っていません。何十冊とある政治資金収支報告書を閲覧すると、議員会館の自室に資金管理団体の「主たる事務所」を置いている国会議員は自民、公明、民主、社民、国民新党、新党日本など163人。そのうち、事務所費や光熱水費、人件費、備品・消耗品費の支出が「ゼロ」という議員はわずか13人だけで、ほとんどが事務所費を計上していました。政治資金規正法上、領収書の必要がない事務所費は「ブラックボックス」になっており、しかも第1次安倍晋三内閣の伊吹文明文部科学相4146万円、松岡利勝農水相3359万円、中川昭一自民党政調会長3096万円など、政権中枢がズラリ。新聞、週刊誌が一斉に後追いし、「政治とカネ」を巡る大問題に発展しました。

「日経」1月11日付は、「政権運営の火種に」と題した記事で、事務所費問題について「共産党の機関紙『しんぶん赤旗』が問題提起していた」と報じました。『週刊朝日』1月26日号は、「ボロボロ、ヨロヨロ安倍政権」という企画で、「赤旗」1月3日付紙面を写真で掲載。「『問題なし』で済ますのか？　ずさんな政治資金収支報告書」と伊吹、松岡両大臣らの事務所費問題を取り上げました。『フォーサイト』2月号の「深層レポート　日本の政治」は、「与野党幹部のお屠蘇（とそ）気分を完全に吹き飛ばしたのは、三日の共産党機関紙『しんぶん赤旗』のトップ記事だ」と詳しく内容を紹介しました。

フリージャーナリストの上杉隆氏の『官邸崩壊　安倍政権迷走の1年』(07年8月、新潮社)には、こんな記述があります。年も押し詰まった12月末、安倍首相は側近の塩崎恭久官房長官と政権3カ月を振り返り、「来年こそは」と誓い合ったとした後、「しかし、その楽観的な見通しは、三が日すら持たなかった。２００７年１月３日、六本木ヒルズで休日を過ごす安倍に連絡が入る。共産党の機関紙『しんぶん赤旗』が、事務所経費問題に関して、新たな疑惑を報じている——」「どのみち政権は崩壊するだろう」。赤旗のスクープの衝撃の大きさを伝えています。

松岡農水相の資金管理団体は、事務所費だけでなく、同じく、議員会館は水道代、電気・ガス代は無料なのに光熱水費を５０７万円も計上しており、国会で追及され、「ナントカ還元水」などと答弁、「緑資源機構」官製談合疑惑との関わりも指摘され、真相を語ることもないまま、みずから命を絶つと言う不幸な事件も起きました。

『ダカーポ』同年7月4日号は、「週刊誌記者匿名座談会—分野別に選んだスクープランキング」を掲載。「松岡追及の流れをつくった『赤旗』の事務所費報道」を政界・官界報道の「上半期スクープ大賞」に選びました。

同年7月の参院選で、自民党は27議席も減らし、安倍内閣は同年9月、退陣に追い込まれましたが、このスクープ記事がそうした一定の力になったのではないかと自負しています。

軍需産業契約上位15社
防衛省天下り475人
自民に献金1億9000万円

（2007年10月28日付）

軍需産業契約上位15社

防衛省 天下り475人

自民に献金 1億9000万円

11社

[illegible]上位15社の契約額と自民党への献金、天下りの実態

	契約額（億円）	献金（万円）	天下り（人）
①三菱重工業	2776	3000	62
②川崎重工業	1306	500	49
③三菱電機	1177	1820	98
④日本電気	831	1800	40
⑤アイ・エイチ・アイマリンユナイテッド	446	—	16
⑥富士通	441	1680	16
⑦東芝	423	2850	36
⑧石川島播磨重工業	365	1090	34
⑨小松製作所	363	1000	[illegible]
⑩富士重工業	199	1800	[illegible]
⑪日立製作所	194	2850	[illegible]
⑫中川物産	148	—	[illegible]
⑬新日本石油	143	—	[illegible]
⑭ダイキン工業	133	300	[illegible]
⑮コスモ石油	131	—	[illegible]

当時、防衛省の守屋武昌前事務次官と軍需専門会社「山田洋行」の癒着が問題になっていました。

防衛省資料と政治資金収支報告書で、同省との契約額上位の企業に、同省OBが多数天下りし、自民党の政治資金団体である「国民政治協会」に、献金している実態を調べて、軍需産業をめぐる政官財の癒着の構造を明らかにしようとした記事です。

岸田政権のもとで、アメリカ言いなりで5年間で43兆円もの大軍拡がすすめられようとしていますが、2022年度の防衛省の契約額1位の三菱重工が3300万円を献金するなど、この癒着の構造は変わっていません。

自民の政党助成金から身内2社に82億円受け取り額の13%

（2008年1月1日付）

自民の政党助成金から
身内2社に82億円
受け取り額の13%
03～06年仕事受注

国民の税金である政党助成金をどう使ったかを報告する「政党交付金使途等報告書」。自民党本部の報告書を調べると、支出先に「日本情報調査」「自由企画社」という会社名が頻繁に出てきます。両社とも、東京・永田町の自民党本部近くにあり、登記簿謄本などを調べると、自民党の身内企業であることがわかりました。

「日本情報調査」の代表取締役は、岸田文雄首相や細田博之前衆院議長など自民党の歴代経理局長が務めています。「自由企画社」は、１９７２年の総選挙で日本共産党が躍進したことに危機感を深め、反共キャンペーンを進めた当時の橋下登美三郎幹事長の提唱で、翌73年、「自民党直属の広告代理店」として発足した経緯がある会社です。

この2社が、2003年〜06年の「政党交付金使途等報告書」によると、4年間で「調査費」「宣伝広報費」「筆耕翻訳料」などの名目で計約82億円もの仕事を受注していたのです。これは、自民党がこの4年間に受け取った政党助成金の約13％に相当します。

国民の税金が〝身内〟の企業に還流していたことになります。自民党本部近くのビル3階にある「自由企画社」を訪ねると、入り口には福田康夫首相（当時）のポスター2枚が掲示してありました。応対した男性は「自民党本部から発注を受けて、別の会社に発注している」と話しました。トンネル会社です。国政選挙の時に、よく電話で身元不明の世論調査がおこなわれたりしますが、自民党が税金を使って身内会社がやっているかと思うと、二重に腹立たしい思いになります。

ちなみに、自民党本部事務総長の元宿仁氏は、当時、「日本情報調査」「自由企画社」の取締役で、今も岸田首相の動静欄をみると、首相と会食をするメンバーの一人としてときどき登場するなど、自民党の「金庫番」といわれています。

年金施設98売却　07年度
45件（判明分）は営利企業取得

（2008年5月6日付）

年金施設98売却

07年度

45件（判明分）は営利企業取得

ホテルや旅館、マンションに

売却されたハートピア大宮=さいたま市見沼区

国民が納めた年金や健康保険の保険料をもとに全国各地に建設された「サンピア」「ペアーレ」「ハートピア」などの「年金福祉施設」が2007年度に98施設も売却されていました。判明しているだけで、半数近い45施設は建設会社やマンション業者、ホテルチェーンなど営利企業が取得していました。

社会保険庁による年金流用や巨大施設への年金積立金投入などへの批判が高まるなか、2005年6月、自民、公明両党が問題の原因究明をすることなく、年金・健康保険福祉施設整理機構法を成立させ、5年間で全国の年金福祉施設を売却する計画でした。

05年10月に発足した独立行政法人「年金・健康保険福祉施設整理機構」によると、07年度に売却した98施設の売却額は計４５９億７７００万円。国の台帳ベースの１２８４億円の３分の１程度にとどまりました。

この問題は引き続き追及し、２０１０年８月21日付で、「年金施設３０１売却完了　買い手ずらり大手不動産　回収つぎこんだ金の２割」と報じました。売却総額は約２２２１億円で、経費などを除いた国庫への納付額は約２０２３億円。つぎこんだ年金、保険料１兆円以上の２割程度しか回収できなかったことになります。

格安で落札した企業には、野村不動産、ヨドバシカメラ、オリックス不動産、積水ハウス、長谷工コーポレーション、東急不動産などがならび、用途・目的は分譲マンション、カメラ博物館、オークション会場など。国民の貴重な財産が、企業のもうけの対象となりました。

原子力規制庁幹部　原発推進派ズラリ並ぶ（2012年9月25日付）

原発推進派ズラリ並ぶ

原子力規制庁幹部

原子力規制庁の幹部

役職	氏名（年齢）	おもな経歴
長官	池田克彦（59）	警視総監
次長	森本英香（55）	環境省大臣官房審議官
緊急事態対策監	安井正也（54）	資源エネルギー庁原子力政策課長
地域安全総括官	黒木慶英（54）	警視庁警備部長
審議官	名雪哲夫（53）	科技庁原子力安全局防災環境対策室長
審議官	桜田道夫（53）	エネ庁核燃料サイクル産業課長
審議官	山本哲也（52）	原子力安全・保安院首席統括安全審査官

原子力規制委員会の事務局機能をはたす原子力規制庁が20日から本格的に業務を開始しました。しかし、原子力の「推進」と「規制」の分離をうたい文句にしたはずの規制庁の幹部には、経済産業省などで原子力を推進してきた官僚がズラリと名前を連ねています（表参照）。これで、厳しい規制ができるのか―。元原子力委員会委員長代理であり、原発推進の立場に立つ田中俊一氏を国会の同意を得ず、委員長に任命した規制委員会の人事強行とともに批判の声が上がっています。

↓関連③面

原子力規制委員会が入っているビル。玄関前に受付看板が立っている＝東京・六本木

原発再稼働などを判断する原子力規制委員会は、原発を推進してきた環境省の「外局」として設置されるなど、とても独立した規制機関とはいえません。

保安院などの職員が横滑り

事務局となる規制庁の定員は473人ですが、原発を推進してきた経済産業省原子力安全・保安院などの職員が横滑りしました。

規制庁自身が「幹部」として発表しているのは7人。うち、長官の池田克彦氏（59）と、災害時の住民の安全確保対策にあたる「原子力地域安全総括官」の黒木慶英氏（54）は、警察官僚で、ほかの5人はいずれも原子力安全・保安院や旧科学技術庁、環境省で原発を推進してきた人物です。

環境省出身で、ナンバー2の次長になった森本英香氏（55）は、21日の初の定例会見でさっそく、次のように発言しています。原発で重大事故が起きた場合などに、規制委員会の委員らを補佐する「対策委員」の人選について、専門家であれば電力会社などに所属する原発推進派でも問題ないと、述べたのです。

2011年3月11日、三陸沖で日本の観測史上最大となるマグニチュード9・0の東日本大震災が発生し、死者・行方不明者が2万人を超える、未曽有の大災害が起きました。さらに津波によって、すべての電源を喪失した東京電力福島第1原発が炉心溶融（メルトダウン）を起こし、大量の放射能が広範囲に放出されるという、1986年のチェルノブイリ以来最悪の原発事故が発生しました。

原発事故から13年になろうとしていますが、生活と生業の再建はめどがたっていないにもかかわらず、漁業者はじめ多くの国民の理解を得ることなく、「汚染水」の海洋放出や老朽原発の再稼働が進められています。そうした背景には、原発に群がる政財官の原発利益共同体の存在があります。

記事は、その一端を明らかにするものです。原発再稼働などを判断する原子力規制委員会の事務的機能を果す原子力規制庁が12年9月20日から業務を開始しましたが、その「幹部」7人のうち、2人が警察官僚で、他の5人はいずれも原子力安全・保安院や旧科学技術庁、環境省で原発を推進してきた人物でした。

規制庁は、原発事故の「反省」から、原子力の「推進」と「規制」の分離をうたい文句にしたはずですが、これでは、厳しい規制ができるはずがありません。実際、原子力規制委員会は23年11月1日、運転開始から40年が迫る九州電力川内(せんだい)原発1、2号機（鹿児島県薩摩川内市）の60年までの運転期間延長を認可しました。規制委による原発の40年を超える運転の認可は6基となりました。

なお、12年10月24日付では、日本共産党の吉井英勝衆院議員（当時）の資料要求で、規制庁の職員に、三大原子炉メーカーの東芝14人、日立製作所7人、原発などに主要機器を提供しているＩＨＩ（旧石川島播磨重工業）7人、関西電力4人など、原発を推進してきた関係企業出身者が多数存在していることが明らかになったことを報じました。

復興予算で空自操縦訓練
これが被災者に役立つのか

（２０１２年10月６日付）

復興予算で空自操縦訓練

全国の駐屯地で施設の増改修まで

これが被災者に役立つのか

東日本大震災の被災地復興対策として計上された復興特別会計予算で、防衛省が復興とは無縁な戦闘機の操縦士訓練教育や、被災地とは関係のない自衛隊駐屯地の浴場の建て替えなどに支出していることがわかりました。

３面の関連記事で、くわしく「予算流用」の実態を明らかにしましたが、ＮＢＣ（核生物化学兵器）偵察車（約24億８４００万円）、無人偵察機システムの機能付加（９８００万円）などぶっそうなものから、浄化槽の建て替え、汚水管の改修、医務室の建て替えなど、「復興」に悪乗りしたものが目立ちます。

こうした〝復興〟と関係のない使われ方ができる根拠は、２０１１年７月、政府の東日本大震災復興対策本部が決定した「復興の基本方針」です。ここには、「東日本大震災を教訓として、全国的に緊急に実施する必要が高く、即効性のある防災、減災等のための施策」と明記され、「全国防災」の名目で、防衛省に限らず、どの省庁も予算が計上できるからです。

10月11日付では、震災で大きな被害を受け、本庁舎の建て替えが必要な自治体が13市町もあり、いまだに着工にいたっていないにもかかわらず、復興予算で中央官庁の合同庁舎第4号館の耐震改修工事に14億1100万円もかけていることを暴露しました。復興予算の流用です。

復興財源は、所得税と住民税の増税で確保したもの。岸田政権は、復興財源を、5年間で43兆円というアメリカ言いなりの大軍拡に回そうとしていますが、被災者を直接支援する予算の使い方が求められています。

発電ゼロで電力料１４００億円!?
日本原電　電力各社から

（２０１２年12月23日付）

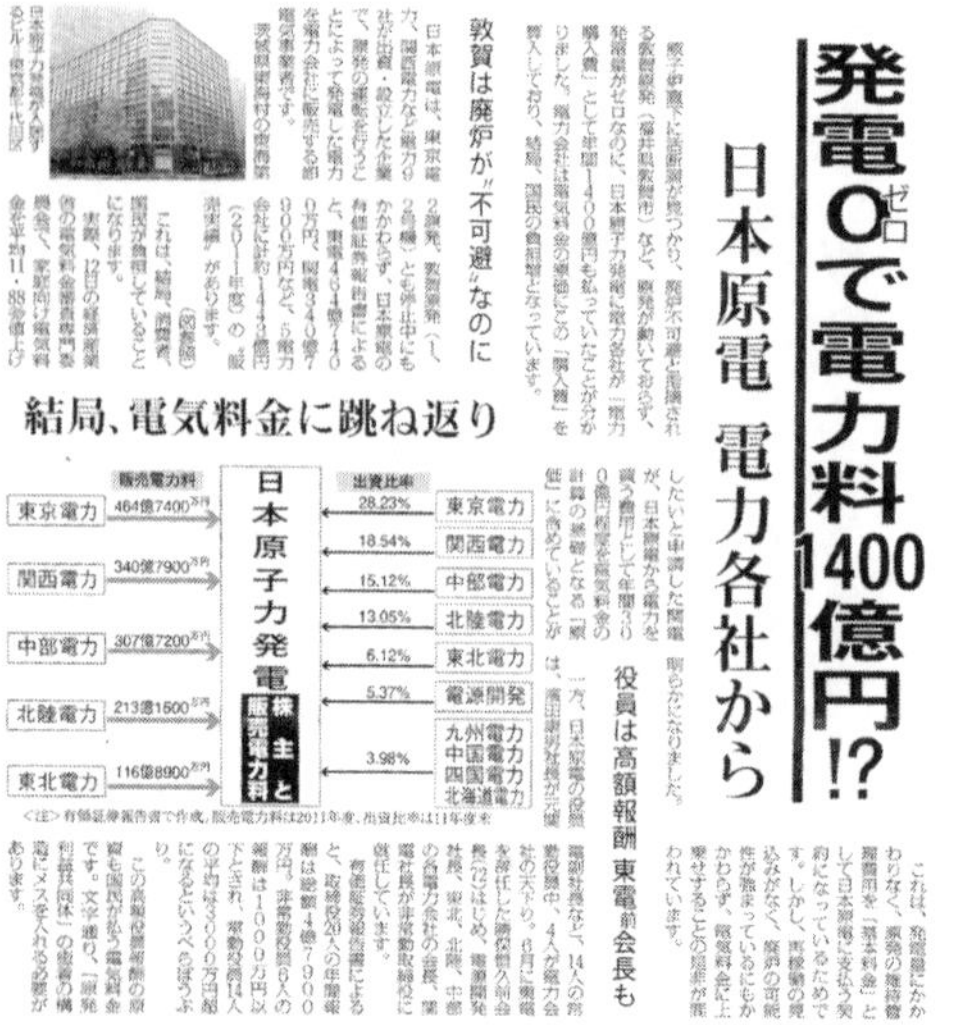
発電0（ゼロ）で電力料1400億円!?
日本原電　電力各社から
役員は高額報酬　東電前会長も
敦賀は廃炉が“不可避”なのに
結局、電気料金に跳ね返り

販売電力料		出資比率	
東京電力	464億7400万円	28.23%	東京電力
関西電力	340億7900万円	18.54%	関西電力
中部電力	307億7200万円	15.12%	中部電力
北陸電力	213億1500万円	13.05%	北陸電力
東北電力	116億8900万円	6.12%	東北電力
		5.37%	電源開発
		3.98%	九州電力 中国電力 四国電力 北海道電力

日本原子力発電
株主と販売電力料

＜注＞有価証券報告書で作成。販売電力料は2011年度、出資比率は11年度末

日本原子力発電（日本原電）は、東京電力、関西電力など電力９社が出資・設立した企業です。茨城県東海村の東海第２原発、福井県敦賀市の敦賀原発（１、２号機）が発電した電力を電力各社に販売する卸電気事業者です。

ところが、両原発とも停止中であるにもかかわらず、日本原電の有価証券報告書を調べると、東電４６４億７４００万円、関電３４０億７９００万円など、５電力会社が「電力購入費」計約１４４３億円も払っていました（2011年度）。

こんなおかしなことは、今も続いていますが、これは発電量に関わりなく、原発の維持管理費用を「基本料金」として日本原電に支払う契約になっているためです。電力会社は電気料金の原価にこの「購入費」も算入しており、結局、電力料金に跳ね返り、国民の負担増になっています。

有価証券報告書によると、常勤役員14人中、4人が電力会社の天下りで、年間報酬も平均3000万円以上ということもわかりました。この高額報酬の原資も国民が払う電気料金です。「原発利益共同体」の反国民性を示すものです。

ゼネコン献金6年間 建設族議員佐藤氏に1・4億円

（2013年1月27日付）

ゼネコン献金6年間

建設族 佐藤氏に1.4億円

大型公共事業推進の自民参院議員

元国土交通事務次官で今年の参院選比例区で再選をめざしている自民党の佐藤信秋（のぶあき）参院議員の資金管理団体と、代表を務める政党支部が、2006～11年の6年間で、ゼネコン（総合建設業者）をはじめ建設関連企業、団体などから少なく見積もって1億4000万円もの巨額資金を集めていたことが本紙の調べでわかりました。

国交省幹部ら300人すべて「会社員」

06年報告書に虚偽記載前科

建設省（現国土交通省）の事務次官や技監などを務めた高級官僚は、参院選で、毎回、自民党の比例名簿に登載され、当選を重ねています。2023年現在は、三期目の佐藤信秋氏と、二期目の足立敏之氏です。

この記事で取り上げた佐藤信秋議員は、07年の参院選で、元建設省河川局長の岩井國臣参院議員からバトンを受け継ぎ、初当選しましたが、岩井氏の後援会、自民党支部から計6000万円にのぼる政治献金を継承したほか、ゼネコン・建設関連業界から多額の献金を受け取るも引き継ぎました。佐藤氏が06年から11年の6年間で受け取ったゼネコン献金は少なく見積もっても1億4000万円にのぼりました。

佐藤氏の後援会の06年の政治資金収支報告書では、国土交通省幹部やOBら340人から計3000万円近い献金を受けながら、すべて「会社員」と記載していたことも明らかになりました。

建設官僚出身の参院議員は、今も、二階俊博前幹事長のもと、「国土強靭化」の名で、浪費と環境破壊の大型公共事業ばらまき政治を推進していますが、政官財の癒着の象徴でもあります。

政党助成金
自民議員ため込み7億2千万円

（2014年1月6日付）

政党助成金

自民議員

ため込み

7億2千万円

「余れば返納」原則が…

政党助成金（政党交付金）の原資は、国民一人あたり250円の税金で、毎年、政党の国会議員数や得票数に応じて分配されています。自民党は、各国会議員・候補者が支部長を務める政党支部に対して年数回にわたって、政党助成金を交付しています。

それが、どのように使われたのか、自民党に所属する400人を超す国会議員（一部、引退議員も含む）が支部長を務める自民党支部が総務相に提出した2012年分の「政党交付金使途等報告書」をすべて調べました。すると、半数以上の223支部が、政党助成金を使い残し、「基金」としてため込んでおり、総額は約7億1700万円にのぼりました。党本部からその年に受け取った政党助成金を上回る額をため込んだ議員も多数いました。

政党助成金は、もともと憲法違反の制度であり、使い切ればいいというものではありませんが、使い残した場合、国庫に返納するのは当然です。しかし、「特定の目的」のために「基金」として積み立てることができるため、返納されたことはほとんどなく、いまも「ためこみ」は続いています。

ちなみに、この記事の2日前の1月4日付では、12年12月の総選挙で、安倍晋三首相（当時）はじめ自民党の候補者239人が、自ら支部長を務める政党支部から自分あてに「寄付」していたことも、2012年分の「政党交付金使途等報告書」の「選挙関係費」の支出を分析して、報道しました。

〝お手盛り〟の総額は、稲田朋美行政改革担当相（同）1100万円、茂木敏充経済産業相（同）1000万円など、じつに17億6000万円以上にのぼりました。政党助成金は国民の税金なのに、使途については基本的に条件も制限も課していません。多額な「寄付」を自分におこなった後、どんな使われ方をしたのかは、不明のまま。税金で肥え太ってもチェックできないのは問題です。日本共産党は、政党助成金の受け取りを拒否していますが、政党助成金の廃止が求められています。

小渕経産相　第3の〝財布〟企業・団体献金2758万円

（2014年9月18日付）

小渕経産相　第3の〝財布〟

企業・団体献金2758万円

第2次安倍改造内閣で2度目の入閣をした小渕優子経済産業相（衆院群馬5区）に、資金管理団体、みずからが代表を務める「自民党群馬県第5選挙区支部」とは別に、第3の〝財布〟ともいうべき政党支部の存在が本紙の取材で明らかになりました。

小渕優子経済産業相をめぐる政治資金の流れ（2012年）

自民党群馬県ふるさと振興支部

選挙区支部と分担してカネ集め

「自民党群馬県ふるさと振興支部」の事務所所在地となっている司法書士事務所＝群馬県高崎市

2023年9月、岸田政権のもと、自民党選挙対策委員長に就任した小渕優子元経産相には、いまなお、巨額虚偽記載というみずからの「政治とカネ」をめぐる問題の説明責任が求められています。

記事は、14年9月、第2次安倍改造内閣で2度目の入閣をした小渕氏をめぐる政治資金の流れを明らかにしたもの。父親の小渕恵三元首相の関連政治団体「恵友政経懇話会」（群馬県高崎市）と同じ場所に「主たる事務所」を置くなど、小渕元首相の関連支部だった「自民党群馬県ふるさと振興支部」という「第3の〝財布〟」の存在を明らかにしました。

12年の政治資金収支報告書によると、小渕優子氏が支部長を務める「自民党群馬県第5選挙区支部」が集めた1480万円を上回る2758万円の企業・団体献金を集める一方、12年末の総選挙で小渕優子選挙事務所に500万円の「陣中見舞い」をおこない、選挙区内の自民党県議8人の支部に各50万円、計400万円を寄付していました。

小渕氏をめぐっては、14年10月、『週刊新潮』が政治資金の虚偽記載疑惑を報道、在任2ヵ月足らずで経産相を辞任しました。

小泉純一郎首相の首席秘書官を務め、当時、安倍政権でも特命担当の内閣参与だった飯島勲氏は、雑誌『プレジデント』(12月1日号)に「無念! 小渕辞任、本当は防げた」と、「小渕政治資金スクープに隠された秘密」という一文を寄せています。閣僚候補の「身体検査」が不十分だったことを嘆いているのですが、このなかで、飯島氏は、小渕氏の「政治資金問題を最初にスクープしたのは、『週刊新潮』ではない」として、「しんぶん赤旗」が、その1ヵ月前、「小渕経産相、第3の〝財布〟」と9月18日付で報じていたことを紹介。「しんぶん赤旗を軽視するなかれ」「敵政党の機関紙だからと甘く見ていると、後で痛い目を見るのである」と書いていました。

政権側に「しんぶん赤旗」が注目されていることを示すものです。

大銀行　自民に献金再開
みずほ先頭に18年ぶり
（2015年12月18日付）

大銀行 自民に献金再開

みずほ先頭に18年ぶり

政策買収の意図隠さず

検証　政治とカネ

「検証　政治とカネ」という凸版をつけ、さまざまな問題を追及してきました。

かつて電力や鉄鋼とともに〝献金御三家〟といわれてきた銀行業界。不良債権処理のため、国民の税金である公的資金が投入されたことを受け、１９９８年から自民党への政治献金を自粛してきました。

それが、15年10月、経団連が正副会長会議で政治献金を呼びかける方針を決定したことを受け、全国銀行協会の佐藤康博会長（みずほフィナンシャルグループ社長）が経団連の「企業の社会貢献の一環」との考え方を踏まえる必要があるとして、「各行が自主的な判断のもと、独自に検討すべき案件」と献金を再開する意向を明らかにしたのです。

佐藤会長は、11月19日の記者会見で、「一つの政党に献金するのはどうなのか」とただされ、「その政党の持っている政策と、その政策が日本経済に与える影響、金融機関の立ち位置をしっかり見極めて判断すべきだ」と述べ、自民党への献金を想定していることを明らかにして、あからさまな政策買収の意図があることを隠しませんでした。

企業・団体献金はもともとカネの力で政治をゆがめるワイロ性の強いものですが、預金者のお金を原資で成り立つ公共性の高い銀行が政治献金をおこなうこと自体、二重三重にゆゆしき問題です。

しかも大手銀行は、自民党に多額の融資をしていました。２０１４年の「政治資金収支報告書」によると、あわせて70億円にのぼっていました。21年の同報告書によると、9億円に減少していますが、国民には超低金利を押しつけながら、自民党には甘いという姿勢はただされなければなりません。

政党助成金　日本維新の会がダミー使い還流
8700万円国庫返納せず

（2016年12月30日付）

政党助成金　日本維新の会がダミー使い還流

8700万円国庫返納せず

「身を切る改革」どこに

検証　政治とカネ

旧維新の党の〝分裂〟にともない、日本維新の会の所属議員らが昨年末、代表を務める支部で受け取った政党助成金を新設したダミー団体に「寄付」し、その後、模様替えした「おおさか維新の会」の支部に還流していたことが、本紙の調べでわかりました。国庫への返納を逃れるためのもので、その額は判明しただけで約8700万円にのぼります。

↓関連⑪面

このダミー団体は、昨年12月11日に設立され、ことし3月10日に解散した「なんば維新」。所在地は、日本維新の会と同じで、代表者は日本維新の会代表の松井一郎大阪府知事の元秘書です。

維新の党の政治資金収支報告書（2015年分）によると、この年4回目の政党助成金約6億7000万円を受け取った12月18日に、のちに民主党（現民進党）に合流する東京・残留組と、「おおさか維新の会」（ことし8月、日本維新の会に改称）に参加した〝大阪組〟の双方の国会議員が代表を務める政党支部に、一律500万円（一部335万円）などが分配されています。

「なんば維新」の政治資金収支報告書（15年分）によると、〝大阪組〟の国会議員が代表だった維新の党の支部、県総支部から解散する直前の12月24日から31日にかけて、総額9912万8288円の「寄付」を受け取っています。「なんば維新」の政党交付金使途等報告書によると、このうち、21の支部、総支部の計8689万2898円が政党助成金でした。

「なんば維新」の16年分の政治資金収支報告書によると、解散直前の1月15日から2月9日にかけて、各議員が模様替えした「おおさか維新の会」の支部あてに、同額を寄付しています。

日本維新の会で法律政策顧問を務める橋下徹前大阪市長は昨年10月、自身のツイッターで「政党交付金をできる限り多くの国民の皆様にお返しする」と書き込み、「身を切る改革」をアピールしていました。（藤沢忠明）

「日本維新の会」の所属議員が、政党の解散にともなって、本来なら国庫に返納すべき政党助成金を「なんば維新」という政治団体をあらたにつくり、プールして、みずからに還流していたという国民をばかにした問題です。同党が〝売り〟にする「身を切る改革」のでたらめぶりがわかります。

旧維新の党の政治資金収支報告書（2015年分）によると、この年4回目の政党助成金約6億7000万円を受け取った12月18日に、のちに民主党に合流する東京・残留組と、「おおさか維新の会」（現日本維新の会）に参加した〝大阪組〟の双方の国会議員が代表を務める政党支部に一律500万円（一部335万円）を分配しています。

その１週間前に設立された「なんば維新」（16年3月解散）の政治資金収支報告書（15年分）によると、「なんば維新」は、〝大阪組〟の国会議員が代表だった維新の党の支部、県総支部から解散する直前に、総額９９１２万円余の「寄付」を受け取っています。「なんば維新」の政党交付金使途等報告書によると、このうち21の支部、総支部の計８６８９万円余が政党助成金でした。「なんば維新」の16年分の政治資金収支報告書によると、解散直前に、各議員が模様替えした「おおさか維新の会」の支部あてに同額を寄付していました。「なんば維新」というのは、政党助成金の返納を免れるためのダミー団体だったのです。（同日付社会面では、『なんば維新』を使った税金還流のしくみ」を図つきで紹介。読者から「こんなことが裏でやられているのかと思うと腹が立ちました。さすが赤旗だと記者の追究にダツボーです」とうれしい感想をいただきました）

日本維新の会の足立康史衆院議員は、16年5月、自身のツイッターで「なにわ維新という暫定の箱を作って年越しした次第です。ザッツオール」と〝告白〟していました。「なにわ維新」というのは、「なんば維新」と同一場所に設立されたダミー団体のことです。

解散した維新の党の各支部が、「なんば維新」を使ったり、模様替えした「大阪維新の会」の政党支部やみずからの後援会に「寄付」するなどして、移し替えた金額は総額約１億４５５０万円にのぼりました。

「身を切る改革」といいながら、維新は２０２２年も31億７０００万円の政党助成金を受け取り、収入の72・２％を占めています。

総裁選で大騒ぎ これでいいのかテレビ報道

（2021年9月17日付）

　メディアへの介入、支配を強めてきた第2次安倍政権以降、テレビの政治報道が、本当におかしくなってきました。2020年9月、安倍政治を「継承する」として登場した菅義偉首相は、就任直後、番記者と東京・神宮前のレストランで「パンケーキ懇談会」を開いたのをはじめ、メディアを選別してテレビ番組に出演したり、特定のメディア関係者と飲食をともにしたりと、メディア対応も安倍氏のやり方を踏襲しました。

　そんな菅首相は、新型コロナウイルスの感染拡大への対応や、東京五輪の開催強行など、国民の批判と運動に追い詰められて、21年9月、政権を投げ出しました。

テレビは、安倍・菅政治の9年は国民にとって、どうだったのかを検証することもなく、岸田文雄前政調会長、河野太郎行政改革担当相、高市早苗前総務相や立候補を模索していた石破氏茂元自民党幹事長らを「生出演」「生直撃」するなど、〝有権者〟は国民の1％ほどにすぎない自民党総裁選報道に異常な大騒ぎをしました。

いずれの候補者も無為無策のコロナ対策や、公文書改ざんや「桜を見る会」疑惑などの行政私物化、沖縄の米軍新基地建設強行、日本学術会議会員の任命拒否など安倍・菅政権9年の悪政に共同責任があるにもかかわらず、各候補の安倍氏を意識した「森友学園の再調査はしない」「原発は当面使っていく」「靖国神社の公式参拝は続ける」といった発言を無批判に垂れ流しました。

一方で、日本共産党など野党が憲法53条にもとづいて臨時国会を開けと要求していることや、市民連合が総選挙における野党共通政策で合意したことなど、野党側の動きを報じることはほとんどなく、冷淡でした。

今、岸田政権が進める大軍拡路線や原発回帰の姿勢など、多くのメディアが、国民の立場に立って、報道する姿勢が著しく後退していることは、権力監視という本来の役割を放棄していると言わざるを得ません。

大規模パーティー　岸田氏　21回4・2億円

（2023年5月11日付）

大軍拡の一方、年金、医療の切り下げなど国民に犠牲を強いる岸田文雄首相が、外相時代を含め、「大臣規範」を無視して大規模な政治資金集めパーティーを21回も開催し、総額4.2億円もの荒稼ぎをしていたことが、本紙の調べでわかりました。

（藤沢忠明）

岸田氏 21回 4.2億円

大規模パーティー

「大臣規範」無視

■岸田首相の「大臣規範」を無視した大規模パーティー（2000万円以上）

開催日	収入	支出
2013年３月４日	2807万　円	127万4688円
12月18日	2335万　円	188万2614円
14年12月17日	2381万　円	179万4854円
15年５月25日	2036万　円	167万2728円
12月16日	2769万9136円	200万9813円
16年４月25日	2407万8920円	208万4582円
８月31日	2183万8920円	131万 926円
12月21日	3035万9136円	225万2768円
17年４月25日	2595万9136円	226万1026円
21年10月４日	2760万　円	291万9874円
12月22日	3862万　円	314万9049円

（注）政治資金収支報告書で作成

「大臣規範」というのは、2001年1月6日、閣議決定されたもので、大臣、副大臣、政務官が開催する政治資金集めパーティーについて、「国民の疑惑を招きかねないような大規模なものの開催は自粛する」とあります。

ことし3月19日、首相は地元広島で後援会の「新春互例会」を1000人規模で開催、5月に広島で開くG7サミットのロゴの入ったまんじゅうやペンをお土産として配り、「政治利用だ」と問題になりました。

3月27日の参院本会議では、立憲民主党議員から「規範に抵触するのではないか」と批判されましたが、首相は「とくに定められた基準はなく、各大臣等が国民の疑念を招かないよう良識の範囲で適切に対応すべきもの」「おたずねのパーティーは規範に抵触するものではない」と完全に開き直ったのです。

本紙は、安倍政権の外相時代（12年12月～17年8月）と21年10月の首相就任後の金集めパーティーの開催状況を、首相の資金管理団体「新政治経済研究会」と「岸田文雄後援会」の政治資金収支報告書（22年分は未公表）で調べました。

これによると、「国政を語る会」「新政治経済懇話会」「新年互例会」などの名目で40回近いパーティーを開催していますが、収入額が1000万円を超す「大規模パーティー」は21回（うち2000万円超は11回）、総収入は約4億2231万円にのぼりました。会場費、飲食代などの支出の合計は約5015万円で〝利益率〟は88・1%。「国民の疑念」を招くような荒稼ぎです。

政治資金パーティーは、形を変えた企業・団体献金。首相就任後の21年12月22日の「国政を語る会」では、ニトリホールディングス150万円、日本医師連盟50万円、製薬産業政治連盟40万円などの大口購入者がいます。ニトリホールディングスの似鳥昭雄会長は首相とゴルフをしたり、会食をする関係。省庁に対して絶大な権限を持っている首相が特定の企業や団体と癒着するのは、「良識の範囲」とはいえないでしょう。

テレビ・ラジオ部なのに、ときどき「政治とカネ」の記事を書いています。長年、取り組んできた〝性〟というべきか。

「励ます会」などと銘打って政治家が開く政治資金集めパーティーは、形を変えた企業・団体献金です。国民の批判の高まりを意識して、2001年1月6日、大臣、副大臣、政務官が開催する政治資金集めパーティーについて、「国民の疑惑を招きかねないような大規模なものは自粛する」という「大臣規範」を閣議決定しました。ところが、有名無実となっているのが実態です。

岸田文雄首相の資金管理団体と関連政治団体が、安倍政権の外相時代と、21年10月の首相就任後の資金集めパーティーの開催状況を調べてみると、収入額が1000万円を超す「大規模パーティー」は21回、総収入が4億2000万円を超すことがわかりました。2022年の政治資金収支報告書によると、同年も収入1000万円以上のパーティーを6回開き、1億4000万円以上の収入をあげていたことがわかりました。しかも、その利益率は9割に及びます。首相みずから「大臣規範」を無視しているのはいかがなものか。

東京地検特捜部が、自民党主要派閥の政治団体が、政治資金パーティーの収入計約4000万円分を政治資金収支報告書に記載していなかった疑いで、上脇博之・神戸学院大学教授の告発を受け、任意の事情聴取を進めていることが、23年11月にわかりました。赤旗日曜版の特報を受けてのものですが、岸田氏が会長を務める派閥も含まれています。とくに最大派閥である安倍派をめぐっては、多額のキックバックをおこなっていたという裏金疑惑に発展し、自民党政治そのものをゆるがすことになりました。

日本共産党は政治資金パーティーを含め、政治をカネの力でゆがめる企業・団体献金の禁止を求める法案を提出しました。思想信条の自由に反する政党助成金の廃止とともに、国民主権からも避けては通れない課題となっています。

あとがき

２０２３年６月に、この本を出そうと考えてから、半年がたちました。本の泉社のみなさんには、原稿がなかなかそろわず、大変ご迷惑をおかけしました。改めてお礼申し上げます。

いま、日本では、「アメリカいいなり」「財界べったり」という二つのゆがみを持つ自民党政治と国民との矛盾が極限に達しています。権力を監視すべきメディアの多くが、その役割を放棄し、体制擁護の道を進んでいるとき、「しんぶん赤旗」の果たすべき役割はますます大きくなっていると思います。

さいわいにして、ウルトラマラソンも含め、全国各地のレースに参加するなど、健康には自信があります。微力ながら、記者活動をもう少し続けてみようかと考えている昨今です。

最後に、これまでの記者活動を支えてくれた妻朋子さんをはじめ、家族、先輩、同僚、関係者のみなさんに心から感謝申し上げつつ、ペンをおきます。

〈著者略歴〉

藤沢忠明（ふじさわ ただあき）

1952年岐阜県生まれ。

岐阜県立岐阜北高校、大阪外語大学中国語科卒業後、76年5月赤旗編集局に。

校閲部、社会部、関西総局、社会部、日曜版、政治部（デスク）、東海北陸信越総局（総局長）、社会部（副部長）、編集センターを経てテレビ・ラジオ部（部長）。

権力監視はどこへ　メディアと政治を考える+30

2024年1月22日　初版第1刷発行

著　者　藤沢忠明
発行者　浜田和子
発行所　株式会社 本の泉社
〒112-0005　東京都文京区水道2-10-9　板倉ビル2階
TEL：03-5810-1581　FAX：03-5810-1582
印刷：株式会社光陽 メディア
製本：株式会社光陽 メディア
DTP：杵鞭真一

ISBN 978-4-7807-2254-3 C0036